Gerhard Beil *Außenhandel und Politik*

Gerhard Beil

Außenhandel und Politik

Ein Minister erinnert sich

edition ost

Mein Dank geht an

*Rudi Brauer, Peter Donhauser, Werner Fleck, Roland Haufe,
Siebold Kirsten, Hellmuth Koch, Werner Polze, Gottfried
Reim, Werner Renkwitz, Herbert Roloff, Helmut Schindler,
Rolf Sieber und Jochen Steyer*

Inhalt

Vorwort

Der erste Satz fällt am schwersten. »Ich wollte nie Minister werden«, heißt er in Hermann Kants »Impressum«. So könnte ich nie beginnen. Aber nicht, weil ich Minister habe werden wollen, sondern wegen des Personalpronomens. Noch immer fällt es mir schwer, die 1. Person Singular in Texten zu verwenden, in denen es um Gerhard Beil geht.

Beim Schreiben habe ich dann gemerkt, dass ich nicht immer »wir« schreiben kann, wenn ich nachweislich allein war. Als ich am 14. August 1961, am Montag nach den Grenzmaßnahmen, aufbrach, um einige unserer Außenhandelsvertretungen im westlichen Ausland aufzusuchen, war ich nachprüfbar der erste DDR-Bürger, der nach dieser Zäsur das Land dienstlich verließ. Wenn ich bei der historischen Wahrheit bleiben will, muss ich also schreiben, dass der 34 Jahre alte DDR-Außenhändler Beil *allein* reiste und nicht als einköpfige Delegation. Und wenn dieser berichtet, was nur er berichten kann, verbietet sich die 3. Person oder gar der Pluralis majestatis von selbst.

So kollidierten denn, als ich mich schreibend erinnerte, fortgesetzt individuelle Zurückhaltung und jahrzehntelanges Selbstverständnis eines DDR-Politikers, der stets als Mensch »hinter die Sache« zurückgetreten war, mit der Verpflichtung zur wahrheitsgetreuen Wiedergabe von Vorgängen. Der Bruch mit tradierten Gewohnheiten kostete mich mehr Überwindung als die Offenlegung von Interna aus meiner Ministerzeit. Denn im Unterschied zur Annahme der bundesdeutschen Justiz, die meinen Keller randvoll mit Leichen vermutete, weshalb sie mich nach 1990 mit mehr als ein Dutzend Ermittlungsverfahren überzog, lag und liegt dort keine einzige. Darum endeten auch alle diese Verfahren wie das Hornberger Schießen.

Insofern war für mich die Frage nach dem, *was* ich mitteilen wollte, von sekundärer Bedeutung. Primär war das *Wie*. Wer mich kennt, wird bestätigen, dass diese Feststellung frei von Koketterie ist. Es bereitet mir wirklich Gewissensnöte, mich als individuell handelnde Person darzustellen und nicht als Funktionsträger zu sehen, der einen kollektiven politischen Willen vollzog. Ich sah und sehe mich unverändert als Diener einer Idee, durchaus selbstbestimmt und selbstbewusst, aber eben nicht frei von Verpflichtungen und objektiven Zwängen. Obgleich im sächsischen Leipzig geboren, bin ich in charakterlicher Hinsicht wohl eher Preuße. Eine gewisse idealistische Selbstlosigkeit ist mir nicht fremd, ich halte sie unverändert für eine Tugend.

In diesem Sinne gab ich mich der sozialistischen Idee mit Überzeugung hin, ich diente der Deutschen Demokratischen Republik mit Leidenschaft. Keineswegs blind und unkritisch. Ich sah ihre Schwächen und Defizite durchaus. Aber ich sah auch ihre Stärken und den emanzipatorischen Fortschritt, den sie objektiv verkörperte, weil ich die Welt kannte und darum wusste, was alles schon hinter uns lag und wo wir weiter waren.

Jetzt wird mancher gewiss einwenden: »Das hätte ich damals vielleicht auch schon erkannt, wenn man mich nur hätte reisen lassen.« Da ist etwas dran. Weltanschauung wächst dadurch, dass man sich die Welt anschaut. Aber das geschieht keineswegs automatisch. Dann müsste doch jeder Deutsche, der beispielsweise seinen Urlaub in einem Land der Dritten Welt verbringt, als glühender Revolutionär zurückkehren und fortan gegen Neokolonialismus, Analphabetentum und unfairen Welthandel streiten. Um zu erkennen, was Ungerechtigkeit ist und wie man diese überwindet, reicht nicht das Reisen.

Aber es ist wichtig. Selbst Erich Honecker, der erst ziemlich spät, gleichsam im Rentenalter, die Welt außerhalb des sozialistischen Lagers entdeckte, veränderte sich. Ich konnte dies unmittelbar beobachten. Schließlich habe ich nicht nur viele seiner Auslandsreisen mit vorbereitet, sondern ihn bei allen Staatsbesuchen in die kapitalistischen Ländern auch begleitet. Ich las in seiner Mimik, in seiner Haltung, was in ihm vorging.

Und ich teilte seinen Stolz, der ihn durchströmte, wenn gekrönte Häupter, Präsidenten und Regierungschefs auf vier Kontinenten ihm direkt oder verklausuliert die Hochachtung zu verstehen gaben, die sie vor dem Land und dessen Leistungen hatten, deren erster Repräsentant er war.

Allerdings verschweige ich auch nicht, dass es ihm nicht immer gelang, manche diplomatische Höflichkeit als jene Schmeichelei zu durchschauen, als die sie gedacht war. Das hatte Konsequenzen, die sich an allen Staats- und Regierungschefs bis heute beobachten lassen. Da machte Erich Honecker keine Ausnahme.

Ich war seit 1956 im Außenhandel der DDR tätig, seit 1958 zeitweise in Wien. Ich gehörte der Strategischen Kommission an, in die Walter Ulbricht in den 60er Jahren junge Wissenschaftler, Fachleute und Kader berief. Mit 42 wurde ich Staatssekretär, seit 1977 gehörte ich dem Ministerrat an und ab 1986 war ich Minister. Auch wenn mein Tätigkeitsfeld in der Honecker-Ära am größten war, sich die Aufgaben veränderten, blieben die Grundprobleme in ihrem Wesen bestehen, die diese DDR seit ihrer Gründung begleiteten. Deren Wurzel war der ideologisch motivierte Kampf des Kapitalismus, insbesondere des westdeutschen, diesen Staat aus der Geschichte zu drängen.

Darüber vor allem schreibe ich in meinem Buch.

Es ist nota bene, wenngleich persönlich gefärbt, keine Autobiografie. Ich habe nicht vor, von meinem ersten Schrei bis zu meinem vorletzten Schnaufer chronologisch Mitteilung zu machen. In dieser Hinsicht bleibe ich in meiner Haut. Mitteilenswert ist in meinen Augen nur das, wovon andere Menschen Notiz nahmen oder das Land profitierte. Privates werde ich nicht publizieren.

Das bedauert nicht nur der Journalist Peter Brinkmann, der mich am längsten bedrängte, ich solle endlich mich öffentlich äußern. Wenn ich es nunmehr tue, kann er sich dies mit Recht als persönlichen Erfolg an seine Fahne heften. Er löste mit seinem Nachdruck einen Prozess aus, gegen den ich mich zunächst sperrte. Als ich dann aber – gleichsam gezwungen, mich mit anderen Zeitzeugen, Kollegen, Mitarbeitern von Archiven und aus dem Verlag ins Benehmen zu setzen – wieder in die Materie eindrang, mit der ich mich seit nahezu zwei Jahrzehnten kaum mehr beschäftigt hatte (sieht man einmal von den Gerichtsverfahren und Anhörungen ab), wurde mir schreckhaft bewusst: Wenn ich es jetzt nicht aufschreibe, ist es mit mir weg!

Das Verschwinden dieses Wissens ist nicht mein persönliches Problem. Damit kann ich leben und auch sterben. Es wäre jedoch eventuell ein Verlust für die DDR und eine wahrhafte Geschichtsschreibung. Nachdem derart viele Halb- und Unwahrheiten, Dummheiten und Lügen im Umlauf sind, sollte ich, der manches besser weiß, nicht schweigen. Auch die Generationen, die nach uns kommen, sollten erfahren, was diese DDR und ihre Menschen bewegt hat und was sie bewegten. Tendenziöse, parteiische Darstellungen aus der Perspektive einer Minderheit oder fußend auf Akten eines Ministeriums sind da allenfalls Sekundärliteratur.

Nun bestreite ich ja nicht, dass meine Darstellung wie jede andere auch subjektiv gefärbt ist. Es gibt nunmal

Gerhard Beil, 2010

keine absolute Wahrheit, schon gar nicht bei der Behandlung der Vergangenheit. Aber ich reklamiere, mich um ein Höchstmaß an Wahrhaftigkeit und Ehrlichkeit bemüht zu haben und werde mich nicht hinter Goethe verstecken, der im »Faust« den vermutlich zutreffenden Satz formulierte: »Es irrt der Mensch, so lang er strebt.«

Ja, wir haben uns in der DDR oft geirrt. Aber die Vision von einer besseren, gerechteren Welt war kein Irrtum. Und ich habe an exponierter Stelle daran mitgewirkt, diese Idee Wirklichkeit werden zu lassen. Dass wir scheiterten, lag weder an der Idee noch allein an uns. Man ließ uns keine Chance, sie zu realisieren.

Dieses Buch ist auch keine Geschichte des Außenhandels der DDR. Ich will die Ausgangslage für die Sowjetische Besatzungszone sichtbar machen und zeigen, wie seit der Gründung der Deutschen Demokratischen Republik 1949 ein politischer, wirtschaftlicher und ideologischer Kampf geführt wurde, um eine Entwicklung dieser DDR zu verhindern. In der Hallstein-Doktrin wurde offen der Grundsatz der Deutschland-Politik der BRD formuliert: Es gibt nur einen deutschen Staat! Diese Maßgabe wurde mit außenpolitischem und wirtschaftlichem Druck derart durchgesetzt, dass in den ersten zwanzig Jahren der Existenz der DDR es die Welt nicht wagte – abgesehen von dreizehn sozialistischen Staaten –, diplomatische Beziehungen mit der DDR aufzunehmen. Es gelang der DDR nicht, auch nur zu einem kapitalistischen Industrieland die Beziehungen zu normalisieren. Es gab keine Wirtschafts- oder Handelsabkommen und keine oder nur eingeschränkte Meistbegünstigung.

Diese Situation verlangte fortgesetzt von der DDR, speziell vom Außenhandel, Lösungen zu finden, um trotzdem das Gemeinwesen DDR stetig zu entwickeln und die Lebenslage der Menschen zu verbessern. Denn dieser Staat war nicht Selbstzweck. Er war angetreten, die Menschen von Ausbeutung und Unterdrückung zu befreien und für ihre Wohlfahrt und ein befriedigendes Dasein zu sorgen. Deshalb waren die tradierten kapitalistischen Eigentums- und Machtverhältnisse schrittweise umgestürzt worden. Insofern richteten sich die politischen Attacken der Bundesrepublik unmittelbar gegen alle Bürger der DDR, auch wenn dies bis heute bestritten wird.

Die Selbstbehauptung der DDR war mit hohen Kosten, vielen Einbußen und Verlusten verbunden. Die Partnerschaft mit der UdSSR und den im RGW zusammengeschlossenen Ländern und ihre Unterstützung kompensierten die von der BRD verfolgte Absicht geraume Zeit und nur zum Teil.

Es drängt sich bei der Analyse der 40-jährigen Existenz der DDR der Eindruck auf, dass die Hallstein-Doktrin, 1955 als politischer Grundsatz formuliert, sich 1990 erfüllte. In diesem Sinne war sie erfolgreich.

Wie es eben der Widerstand der DDR auch war. Allerdings eben nur über eine vergleichsweise historisch kurze Zeit. Unsere Erblast – die wirtschaftlichen Probleme als maßgebliche Folge historisch bedingter Umstände wie auch die mentalen – war zu gewaltig, um sie in vier Jahrzehnten abschütteln zu können.

Gerhard Beil,
Berlin-Karolinenhof im Winter 2010

Die Ausgangslage

Im August 1945 unterzeichneten die Großen Drei der nach dem Überfall des faschistischen Deutschlands auf die UdSSR entstandenen Antihitlerkoalition einen völkerrechtlich verbindlichen Vertrag. Mit diesem Potsdamer Abkommen endete der Zweite Weltkrieg, der mit über 55 Millionen Toten und der Umsiedlung von 20 Millionen Menschen die größte Katastrophe in der menschlichen Geschichte darstellte.

Der Krieg war zu Ende, aber es gab noch keinen Frieden, denn Frieden ist bekanntlich mehr als nur die Abwesenheit von Krieg.

Die führenden Vertreter der Antihitlerkoalition hatten im September 1944 mit den Londoner Protokollen und im Februar 1945 in Jalta eine Nachkriegsordnung auf dem Kontinent fixiert. Dazu gehörte die Aufteilung Deutschlands, das heißt die Zuweisung deutscher Gebiete an Polen und die Sowjetunion, die Einteilung des Restgebietes in Besatzungszonen und der Umgang mit Berlin. Die Reichshauptstadt sollte Sitz eines Alliierten Kontrollrates der vier Mächte Sowjetunion, USA, Großbritannien und Frankreich sein und in vier Sektoren gegliedert werden. Berlin gehörte, obgleich auf dem Territorium der sowjetischen Besatzungszone gelegen, nicht zu dieser Zone. Sie erhielt einen Viermächte-Status.

Die Antihitlerkoalition hatte somit noch vor dem Ende des Weltkrieges Europa politisch und geografisch neu geordnet.

Mit der vollständigen Kapitulation Nazideutschlands im Mai 1945 erfolgten gleichzeitig gewaltige Veränderungen im Weltmachtsystem. Deutschland, Italien und Japan verloren als Großmächte ihre Bedeutung. In Europa hatten die USA und die zur Weltmacht aufgestiegene UdSSR Entscheidungen über ihre Einflusssphären herbeigeführt. Den Plänen der USA und der UdSSR entsprechend wurde Europa und damit auch Deutschland faktisch geteilt. Mit der Unterzeichnung des Potsdamer Abkommens wurde die Spaltung Deutschlands präjudiziert und objektiv auch die Grundlage für zwei wirtschaftspolitische und nachfolgend auch militärische Blöcke in Europa geschaffen. Ob die Unterzeichner des Potsdamer Abkommens dafür das Mandat der Völker besaßen, wurde nicht gefragt. Sie besaßen Vollmacht durch den Sieg.

Mit der bedingungslosen Kapitulation Deutschlands endete auch die Antihitlerkoalition. Sie hatte ihre Aufgabe erfüllt, die Nazidiktatur war vollständig vernichtet und der Krieg beendet.

Die Teilung Deutschlands 1945 in Besatzungszonen war eine unnatürliche, eine willkürliche Teilung. Sie war nicht einmal frei von Zufällen, wie manche Historiker meinen. Angeblich sollte die weiter östlich gelegene Glatzer Neiße als neue Westgrenze Polens in Jalta im Gespräch gewesen sein, und erst in Potsdam soll Stalin auf Nachfrage die Lausitzer Neiße zum deutschen Grenzfluss bestimmt haben.

Die besetzten Zonen galten als Kriegsbeute, sie war politisch und ökonomisch zu sichern und zu nutzen. Dort standen die Interessen der Besatzungsmächte im Vordergrund – neben der Notwendigkeit, das gesellschaftliche Leben irgendwie wieder in Gang zu bringen. Aber auch das war nicht Selbstzweck.

Zudem: Nachdem die Staaten unterschiedlicher gesellschaftlicher Ausrichtung das Problem gemeinsam gelöst hatten, waren sie wieder das, was sie schon immer waren: Konkurrenten. Im Amerikanischen kennt man in der

Neuzeit One-Problem Movements, d. h. es finden sich Menschen zusammen, die miteinander ein Problem haben, dass sie dann gemeinsam lösen. Wenn dies getan ist, gehen sie wieder auseinander. Das ist mehr als die deutsche Vereinsmeierei: Da bleibt man in der Regel noch beieinander, auch wenn man sich nichts mehr zu sagen hat. So gesehen war die Antihitlerkoalition eine Ein-Problem-Bewegung.

Die antagonistischen Widersprüche bestimmten nach 1945 wieder die Politik zwischen diesen Staaten, insbesondere zwischen der Sowjetunion und deren Vasallen auf der einen und den sogenannten westlichen Demokratien auf der anderen Seite. Aus der Gegnerschaft sollte sich Feindschaft entwickeln, aus den Spannungen wurde Kalter Krieg. Den beiden deutschen Teilstaaten wurden in die jeweiligen Allianzen eingebunden. Sie sollten sich bald als die treuesten Verbündeten der jeweiligen Führungsmacht erweisen.

Diese aber mussten zunächst selbst ihren Platz in der Welt neu justieren. Während es der UdSSR darum ging, ihren Status als Weltmacht auszubauen und zu festigen, sahen die USA und Großbritannien ihre Aufgabe darin, ein weiteres Vordringen der Sowjetunion und ihrer Ideologie zu verhindern. Kriegerische Auseinandersetzungen wie 1919 und 1922 gegen die junge Sowjetunion waren unmittelbar nach dem Zweiten Weltkrieg nicht möglich, wenngleich dieser durchaus erwogen wurde. 1998 sollte bekannt werden, dass Churchill bereits im Mai 1945 den britischen Generalstab mit der Ausarbeitung eines Geheimplans für einen Angriff auf die Sowjetunion beauftragt hatte. Diese »Operation Unthinkable« (»Operation Undenkbar«) zielte auf die militärische Unterwerfung der UdSSR durch Großbritannien und die USA. Der Plan war dem britischen Premier am 22. Mai 1945, zwei Wochen nach der bedingungslosen Kapitulation Hitlerdeutschlands, übergeben sowie am 8. Juni 1945 und später noch einmal ergänzt worden. Als Termin für den Angriff auf die Sowjetunion war der 1. Juli 1945 festgelegt. Aufgrund der hohen zahlenmäßigen Überlegenheit der Roten Armee beabsichtigte man außerdem die Wiederbewaffnung von etwa 100.000 Soldaten der besiegten deutschen Wehrmacht.

Dieser Plan wurde einzig deshalb fallengelassen, weil angesichts des weltweiten Ansehens der Sowjetunion und der Roten Armee, die die Hauptlast des Krieges getragen hatten, ein solch heißer Krieg auch mit der größten Demagogie vor den Völkern nicht legitimiert hätte werden können.

Im Sommer 1945 wuchs der Flüchtlingsstrom aus den östlichen Gebieten Europas, die nach Artikel 13 des Potsdamer Abkommens nicht mehr zu Deutschland gehörten, sprunghaft an. Zehn Millionen Menschen suchten zwangsweise nach einer neuen Heimat, davon kamen allein in der sowjetischen Besatzungszone etwa 4,4 Millionen unter. Sie mussten integriert werden, brauchten Wohnungen, die Kranken medizinische Hilfe, die Kinder Schulen und Lehrer.

Mit der bedingungslosen Kapitulation 1945 endeten auch die Handelsbeziehungen Deutschlands zu anderen Staaten. Deutschen Behörden und Staatsangehörigen war es verboten, ohne Erlaubnis der alliierten Kontrollorgane Handelskontakte mit dem Ausland aufzunehmen. In Potsdam hatte man sich darauf verständigt, Deutschland als Ganzes zu erhalten – auch im Hinblick auf seine Wirtschaft, die in den Regionen historisch unterschiedlich gewachsen war. Doch diese Absicht erledigte sich bald, wie man eben auch unterschiedlich mit den eigenen Besatzungszonen umging. Während die West-Alliierten schon bald dazu übergingen, ihre Zonen zu schonen, sah die Sowjetunion in den Reparationen eine Wiedergutmachung für ihre schwer getroffene Wirtschaft. Sie bestand deshalb auf eine konsequente Durchsetzung der Potsdamer Bestimmungen. Ihre durchaus legitimen Forderungen – auf ihrem Territorium hatte Nazideutschland die größten Schäden angerichtet und die Ressourcen wie die keines zweiten Landes geplündert – führten im Osten Deutschlands zu enormen Verlusten an industriellen Kapazitäten. Allein in der Metallurgie wurden bis 1948 etwa 85 Prozent der Produktionsanlagen abgebaut, so dass es sie nach Abschluss der Demontagen praktisch nicht mehr gab.

Die Ausgangsbedingungen 1945 für die sowjetische Zone waren außerordentlich schlecht. Zu den starken Kriegszerstörungen – hier fanden schließlich die letzten Schlachten des Krieges statt – kamen noch objektive Voraussetzungen hinzu. Es gab nur geringe Rohstoffvorkommen, eine ganz geringe metallurgische Basis bei einem überdurchschnittlichen Anteil des Maschinenbaus, keine leistungsfähigen Überseehäfen usw. Die deutsche Schwerindustrie produzierte in Schlesien, das nun polnisch war, und im Ruhrgebiet. Im Osten lagen die Zentren der Fertigwarenproduktion, im industrialisierten Sachsen wurden Automobile und Maschinen produziert. Es fehlten aber Grundstoffe. So verfügte die sowjetische Besatzungszone lediglich über 3 Prozent der deutschen Steinkohle, über 0,9 Prozent des Kokerei-Kokses, über 1,6 Prozent des Roheisens und über 7,6 Prozent des deutschen Rohstahls. Von 24 Hochöfen, die 1936 in Deutschland Roheisen erzeugten, befanden sich gerade einmal vier in der sowjetischen Zone. Der Osten Deutschlands war auf Kohle, Eisen und Stahl aus dem Ruhrgebiet in der britischen Zone angewiesen. Um die aus den Besatzungszonen resultierenden Disproportionen auszugleichen, wurden in der Nachkriegszeit zahlreiche Abkommen im sogenannten Interzonenhandel geschlossen.

Doch in dem Maße, wie sich die Spannungen zwischen den Großmächten verschärften, nahmen auch die Probleme in den Handelsbeziehungen zu. Seit Ende 1947 traten bei den Roheisenlieferungen aus den Westzonen zunehmend Rückstände auf. Im November 1947 wurden zudem die Eisen- und Stahlpreise erhöht. Nach der separaten Währungsunion der Westzonen im Juni 1948 und der darauf folgenden Berlin-Blockade kam der Interzonenhandel nahezu zum Erliegen.

Im Oktober 1949 schuf das Frankfurter Abkommen zwischen den beiden in jenem Jahr gegründeten Staaten kurzfristig neue Voraussetzungen für normale innerdeutsche Handelsbeziehungen. Doch schon wenige Monate später, im Februar 1950, verhängte das Bundeswirtschaftsministerium in Bonn faktisch ein Stahlembargo gegen die DDR, weil es Warenbegleitscheine für Eisen und Stahl verweigerte. Die westdeutschen Lieferungen gingen von Januar bis Juni 1950 von 12.500 Tonnen Roheisen und 22.500 Tonnen Walzstahlerzeugnisse auf 1.800 bzw. 4.500 Tonnen zurück.

Der innerdeutsche Handel war im Kalten Krieg zur Waffe gemacht worden. 1950 wurden nicht einmal zehn Prozent des Handelsumfangs zwischen diesen Gebieten vor dem Zweiten Weltkrieg erreicht. Im Spätsommer 1951 verboten die Hohen Kommissare in der Bundesrepublik die bereits vereinbarten Lieferungen von Blechen und anderen Walzwerkerzeugnissen. Am 30. September 1960 kündigte die BRD das seit 1951 laufende Handelsabkommen auf.

Zu diesen dramatischen und ausschließlich politisch motivierten Belastungen der ostdeutschen Wirtschaft kamen die Reparationsforderungen. Nachdem die westlichen Zonen mit Billigung ihrer Besatzungsmächte die Lieferungen an die Sowjetunion einstellten, mussten diese Forderungen von der SBZ und nachfolgend von der DDR bedient werden. Am Ende zahlte der Osten 98 Prozent und der Westen folglich lediglich zwei Prozent der Reparationskosten. Von 1946 bis 1953 waren das Waren und Leistungen im Wert von 99,1 Milliarden D-Mark (zu Preisen von 1953), also zwischen 40 bis 60 Prozent mehr, als ursprünglich für die sowjetische Zone in Potsdam vorgesehen war.

Und während der Osten zahlte (was kein Vorwurf an die Adresse der UdSSR ist: deren Forderungen waren mehr als berechtigt), erhielt der Westen Milliardenhilfen im Rahmen des Marshall-Plans. Natürlich stellten damit die USA Abhängigkeiten her und leiteten absichtsvoll einen Prozess der »Westintegration« ein. Die »Hilfe« war kein selbstloser Akt, weil man damit gleichsam ein Bollwerk gegen den Kommunismus errichtete, es war ein strategischer Baustein in der Politik der Eindämmung. Containment hieß das. Dennoch war dieser Anschub außerordentlich nützlich, um die Wirtschaft wieder in Gang zu setzen.

Im Osten hingegen wurden die Nachkriegsprobleme durch Demontage und Reparationen verschärft. Neben laufenden Produktionsentnahmen erfolgten auch Produktionsänderungen: Die Lieferungen folgten sowjetischen Forderungen, was Einfluss auf Struktur und Sortiment hatte. Der Bau von Schiffen und Eisenbahnwaggons erforderte eine Schwerindustrie, die nicht vorhanden war und folglich erst aufgebaut werden musste, was zusätzliche Anstrengungen erforderte. Und weil es kaum Steinkohle im Osten gab, konzentrierte man sich zwangsläufig auf Abbau und Verarbeitung von Braunkohle, was ebenfalls weitreichende Konsequenzen für vorbereitende wie für die weiterverarbeitende Industrie hatte. Verglichen damit waren Umweltzerstörung und -belastung eher marginal. Und: Der Abbau von Uran-Erz wurde aus militärstrategischen Gründen um jeden Preis betrieben.

1945 rief die Sowjetische Militäradministration in Deutschland (SMAD) verschiedene Verwaltungseinrichtungen ins Leben, etwa für Finanzen und Soziales, später kamen die Zentralverwaltungen für Inneres, für Umsiedler sowie für den Interzonen- und Außenhandel hinzu.

Die einzelnen Zentralverwaltungen arbeiteten zunächst unabhängig voneinander. Am 4. Juni 1947 wurde durch Befehl 138 der SMAD die Wirtschaftskommission gebildet. Diese koordinierte die Tätigkeit der Zentralverwaltungen, stellte die Beziehungen zur SMAD her und sicherte die Reparationslieferungen.

Seit 1948 gestattete die SMAD der Wirtschaftskommission, Verordnungen und Anordnungen zu erlassen. Heinrich Rau wurde zum Vorsitzenden berufen, Fritz Selbmann und Bruno Leuschner übernahmen Stellvertreterpositionen. Die Zentralverwaltungen nannten sich ab 1948 Hauptverwaltungen.

Am 7. Oktober 1949 ging die Wirtschaftskommission in der »Provisorischen Regierung« der DDR auf.

Mit der Konstituierung eines Staates auf dem Territorium der Sowjetischen Besatzungszone trug man im Osten notwendigerweise der zuvor erfolgten Bildung eines westdeutschen Separatstaates Rechnung. Notwendig insofern, als die drei Westzonen sich zu einem Völkerrechtssubjekt zusammengeschlossen und die Ostzone gleichsam aus dem gemeinsamen Deutschland verdrängt hatten. Auf diese Spaltung musste »Restdeutschland« reagieren. Es konnte schlechterdings als »Zone« weiter existieren.

Damit war de facto die Formierung von zwei Blöcken vollzogen. Die einstigen Gegner der Antihitlerkoalition – Deutschland und Italien – galten nunmehr als Verbündete im Kampf der einstigen Westalliierten gegen deren früheren Bundesgenossen, die Sowjetunion. Die Front war die frühere, nur hatten sich die Lager neu formiert. Und es ging wie seit 1917 um die Existenz. Die Sowjetunion und deren neue Verbündete, darunter auch die DDR, mussten sich wirtschaftlich, militärisch und politisch behaupten. Rings um deren Territorium entstanden in der Folgezeit militärische und geheimdienstliche Stützpunkte, man entwickelte Instrumente für Embargo und Boykott (»CoCom«), schuf diskriminierende Einrichtungen wie das Allied Travel Office und politische Glaubensgrundsätze wie die Hallstein-Doktrin.

Was bislang nur Demarkationslinie, Zonengrenze oder innerdeutsche Grenze hieß, gehörte nunmehr zu einer Systemgrenze quer durch Europa. Schon bald – nach Beitritt der BRD zur NATO und der danach folgenden Bildung des Warschauer Paktes, dem auch die DDR angehören sollte – wurde aus der Staats- und Systemgrenze ein Teil der Westgrenze des östlichen Verteidigungsbündnisses und der Ostgrenze des westlichen Militärpaktes. Das hatte zur Folge, was heute noch mehr als damals ignoriert wird, dass über die Lage an dieser Scheidelinie mehr in Moskau und Washington denn in Berlin und Bonn entschieden wurde.

Damit war das eingetreten, forciert durch den Westen, was der Chef-Ideologe der Nazis Joseph Goebbels bereits postuliert hatte. Churchill, der in Potsdam noch mit Stalin an einem Tisch gesessen hatte, war der Meinung, dass man mit Nazideutschland »das falsche Schwein« geschlachtet habe. Seine Rede in Fulton/Missouri, gehalten am 5. März 1946, gilt als Aufkündigung der Antihitlerkoalition und als Auftakt des Kalten Krieges. Der inzwischen abgewählte britische Premier benutzte dort sogar die Argumentation von Goebbels, der behauptet hatte, es würde sich ein »Eiserner Vorhang« über Europa senken, wenn die Rote Armee bis Berlin käme. (Churchill: »*From Stettin in the Baltic to Trieste in the Adriatic an iron curtain has descended across the Continent.*« *Von Stettin an der Ost-*

see bis Triest an der Adria hat sich ein Eiserner Vorhang über den Kontinent gesenkt.) Aber es war demagogisch und ahistorisch, dafür ausschließlich den Russen die Schuld zu geben.

Die BRD und die DDR waren gleichsam Folge und Ausdruck des Kalten Krieges. Und sie waren eingebunden in die Auseinandersetzungen, die sich auf allen Gebieten vollzogen.

Die Deutsche Demokratische Republik zählte etwa 17 Millionen Menschen und 108.000 Quadratkilometer. Flächenmäßig stand sie an 96. Stelle in der Welt, bei der Zahl der Einwohner hatten nur 26 Staaten eine größere Bevölkerung. Die DDR hatte wenig Rohstoffe, eine starke metallverarbeitende Industrie, eine bedeutende Chemie- und eine umfangreiche Konsumgüterindustrie. Wegen dieser Wirtschaftsstruktur war die DDR vom Außenhandel stark abhängig. Mehr als 50 Prozent des Nationaleinkommens waren vom Außenhandel abhängig bzw. von diesem beeinflusst.

Die Instrumente des Westens im Kalten Krieg

Am 1. Januar 1950 nahm auf Initiative der USA das *Coordinating Committee for East West Trade Policy*, kurz CoCom, seine Tätigkeit auf. Daraus wurde später *Coordinating Committee on Multilateral Export Controls*, zu deutsch Koordinationsausschuss für mehrseitige Ausfuhrkontrollen. Die in Paris ansässige Institution sollte verhindern, dass die RGW-Staaten an der internationalen Arbeitsteilung und Wissenschaftsentwicklung partizipierten. Der Technologieboykott sollte die Sowjetunion und ihre Verbündeten isolieren, sie von der Welt abkoppeln. Das gehörte zur Containment-Politik der USA.

Gründungsmitglieder waren Belgien, Großbritannien, Frankreich, Italien, Luxemburg, Niederlande und USA. 1950 wurden aufgenommen die BRD, Dänemark, Kanada, Norwegen, Australien und Portugal, schon bald kamen auch Japan, Griechenland, Spanien und die Türkei hinzu. Es war gewiss kein Zufall, dass alle NATO-Staaten bis auf Island dem Gremium angehörten.

Obgleich Finnland, Österreich, Schweden, die Schweiz und Taiwan ihm nicht angehörten, folgten auch diese Staaten den Vorgaben aus Paris.

Im Gründungsdokument hieß es: »Es ist Politik der Vereinigten Staaten, ihre wirtschaftlichen Ressourcen und Vorteile im Handel mit kommunistisch beherrschten Staaten zu nutzen, um die nationale Sicherheit und die außenpolitischen Ziele der Vereinigten Staaten zu fördern.«

Mit dieser Begründung konnte die USA praktisch alles verhindern, was nach ihrer Interpretation den Interessen der USA contre coeur ging. Die CoCom listete auf, welche Güter nicht in die Ostblock-Staaten geliefert werden durften. Gleichzeitig kontrollierten sie die Einhaltung der Listen durch die Mitgliedsländer. Die Vertreter der BRD überwachte mit großem Einsatz in der Zentrale in Paris die Einhaltung der Zwangsmaßnahmen vor allem gegenüber der DDR.

In den Mitgliedsländern wurden besondere Gesetze erarbeitet, die die Durchsetzung der CoCom-Listen sicherten. In der BRD regelten das Außenwirtschaftsgesetz in Verbindung mit der Außenwirtschaftsverordnung sowie das Kriegswaffenkontrollgesetz die rechtlichen Aspekte der Exportkontrolle. Die zuständige Behörde für die Exportkontrolle war das Bundesamt für Wirtschaft und Ausfuhrkontrolle (BAFA) in Eschborn.

In der ersten Zeit seiner Existenz war CoCom noch lückenhaft. Ab Mitte der 50er Jahre wurde es perfektioniert und zu einer der wichtigsten Einrichtungen zur Behinderung der wirtschaftlichen Entwicklung der DDR. In den Embargo-Listen waren Güter und Technologien erfasst, die zum Schutze des westlichen Bedürfnisses nicht oder nur unter besonderen Voraussetzungen in die Ostblockstaaten exportiert werden durften.

Auch wenn die CoCom-Listen Empfehlungscharakter besaßen, wurden sie in der BRD durch Verordnungen Bestandteil des Außenhandelsrechts.

Mit diesem System und den nicht exakt festgelegten Listen, die außerdem ständig geändert wurden, um in die Entwicklung der sozialistischen Länder einzugreifen, konnten beabsichtigte Einfuhren verhindert oder verzögert werden, ohne dass die CoCom irgendwelche Auskünfte dazu geben musste. Die NATO-Staaten mussten geplante Geschäftsbeziehungen mit den sozialistischen

Staaten bei der CoCom beantragen, die wiederum ohne Begründung ablehnen oder zustimmen konnte. Das hatte schwerwiegende Auswirkungen. Die Genehmigungsbearbeitung dauerte ziemlich lange. Das war Absicht.

Dies störte die Länder nicht, die in der CoCom tätig waren und bei denen wir kaufen wollten. Lediglich jene, die zu uns Handelsbeziehungen aufnehmen wollten, wurden davon berührt. Die bestehenden Unsicherheiten und lange Entscheidungsphasen veranlassten Firmen, nicht vor der Erlaubniserteilung mit der Produktion zu beginnen. Damit verzögerten sich bei erteilter Genehmigung die Lieferung und damit auch die Realisierung von Projekten auf unserer Seite. Die BRD-Regierung beschloss zur Durchsetzung der CoCom-Maßnahmen Gesetze, die den Handel mit der DDR de facto strangulierten.

Rechtliche Grundlage des Wirtschaftsverkehrs mit der DDR waren Devisenbewirtschaftungsgesetze der Alliierten und zwar für die ehemals amerikanische und die britische Besatzungszone das Militärratsgesetz Nr. 53, für die französische Besatzungszone die Verordnung Nr. 235 des französischen Hohen Kommissars in Deutschland und im Land Berlin die inhaltlich gleiche Verordnung Nr. 500. Der näheren Ausführung dieser Gesetze diente die von der Bundesregierung erlassene Verordnung über den Warenverkehr mit den Währungsgebieten der DM-Ost – Interzonenverordnung – vom 18. Juli 1951, zuletzt geändert durch eine Änderungsverordnung vom 22. Mai 1968.

Eine besondere Rolle bei der ökonomischen Erpressung spielte in der Embargopolitik der Finanzboykott. Die wirtschaftliche Entwicklung der DDR wurde damit bis weit in die 1980er Jahre hinein negativ beeinflusst. Auch das aufwendige Programm zur Entwicklung einer eigenen Mikroelektronik war im Wesentlichen ein Reflex auf die westliche Embargopolitik, weil die meisten Erzeugnisse der Mikroelektronik unter Verbote fielen und nicht an die DDR verkauft werden durften. Die Einhaltung des Lieferverbots wurde auch von den Geheimdienste der USA und der BRD peinlich überwacht.

Zu den Störmaßnahmen gegen die DDR gehörte auch die Tätigkeit des *Allied Travel Office* in Berlin-West. Es hatte beachtliche Auswirkungen.

Es war im Jahre 1950 von den USA, Großbritannien und Frankreich ins Leben gerufen worden und sollte nicht nur die Einreise von DDR-Bürgern in NATO-Staaten kontrollieren, sondern diese verhindern. Das Büro stellte befristete Reisedokumente aus, die sogenannten Travel-Pässe, weil die Reisepapiere der DDR nicht akzeptiert wurden. Die DDR war nach westlicher Lesart kein Staat, was – worauf noch zu sprechen kommen wird – in der Hallstein-Doktrin der BRD später sichtbar Ausdruck finden sollte.

Das Travel Board unterstand den drei Militärkommandanten. Jeder Außenhändler, der zu Geschäftsverhandlungen nach Frankreich, Großbritannien, Belgien oder Holland wollte, musste in Westberlin seine Reise mit ausführlicher Begründung beantragen. Zudem musste er präzise Angaben über Reiseziele, Gesprächspartner, Firmenbesuche usw. machen. Dazu wurde er zudem gründlich befragt. Der Vorgang war nicht nur diskriminierend, sondern auch kriminell. Es war doch klar, dass diese Befragung auch nachrichtendienstliche Zwecke erfüllte.

Danach wurde der Antragsteller mit der Nachricht nach Hause geschickt, man werde ihn informieren, sobald der Antrag geprüft und entschieden worden sei. Das dauerte zwei bis vier Wochen. Nach einem positiven Bescheid konnte dann ein Visum für das Reiseland beantragt werden.

Dieses Prozedere verfolgte das Ziel, Kontakte der DDR zu erschweren und zu verhindern. Welcher Außenhändler, der Verhandlungen führen wollte, konnte unter diesen

Bedingungen mit seinen Partnern Termine machen? Und: Mit den geforderten Angaben zur Reise wurden Informationen geliefert, die der Konkurrenz wichtige Details über unsere Absichten vermittelten, von denen sie profitierten. Wenn unsere Techniker und Monteure, die zur Aufstellung und Montage von uns gelieferter Maschinen zu festgelegten Terminen vor Ort sein mussten, daran gehindert wurden, verschlechterte dies die Geschäftsbedingungen. Manche Käufer unserer Erzeugnisse versuchten, die damit verbundenen Unsicherheiten durch hohe Preisnachlässe auszugleichen.

Ähnliche Unsicherheiten entstanden bei der Teilnahme von Außenhandelsbetrieben an nationalen Messen und Ausstellungen, zu denen Aufbau-Fachleute und Standpersonal pünktlich anwesend sein mussten.

Die Reisenden erhielten einen Travel-Pass mit der Bezeichnung »Vorläufiger Reiseausweis anstelle eines Passes für deutsche Staatsangehörige«. Diese Praxis galt von Oktober 1949 bis 1972/73. Alle NATO-Staaten, Japan,

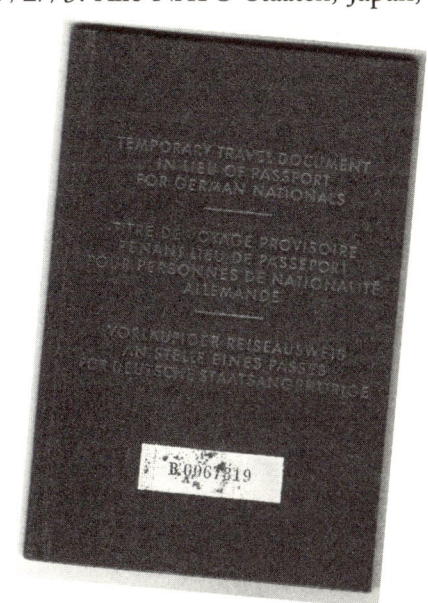

»Vorläufiger Reiseausweis an Stelle eines Passes für deutsche Staatsangehörige«, ausgegeben vom »Alliierten Reiseamt« in Berlin-West

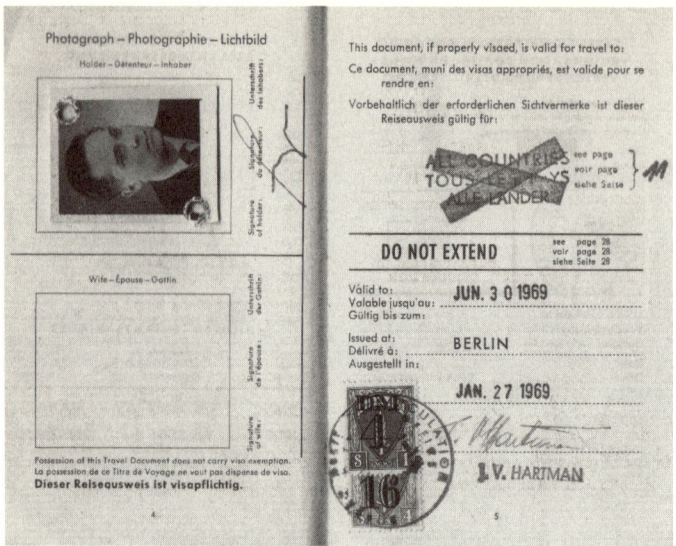

»Ersatzpass«für den DDR-Ingenieur Jochen Steyer, 1969

USA und Australien wandten sie an. Sie fügte der DDR Millionen-Schäden zu.

Erst Mitte bzw. Ende der 1960er Jahre gelang es mit Hilfe von nationalen Wirtschaftsverbänden und Handelskammern, in diesen Ländern nach und nach das System zu unterlaufen. Die ersten Durchbrüche erfolgten Ende der 1960er Jahre.

1955 wurden der seit Gründung der DDR bereits praktizierte Alleinvertretungsanspruch der BRD, der nach dem Staatssekretär im Auswärtigen Amt Walter Hallstein benannten Doktrin, zum Gesetz erhoben. Bonn maßte sich an, für »alle Deutschen« zu sprechen. Als erklärter Rechtsnachfolger des 1945 untergegangenen Deutschen Reiches reklamierte die BRD auch die Außenvertretung. Wer die DDR als zweite deutsche Republik akzeptierte, hatte mit politischen und wirtschaftlichen Sanktionen zu rechnen. Die sozialistischen Staaten einschließlich Sowjetunion natürlich ausgenommen.

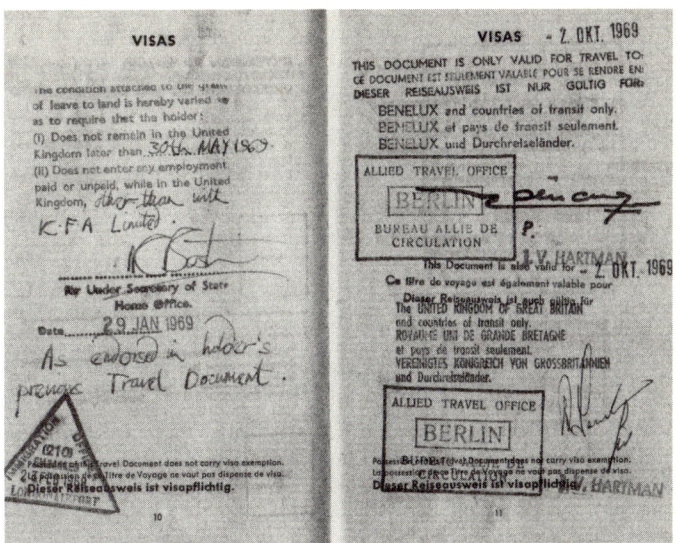

Erlaubt wurden ihm vom Allied Travel Office Dienstreisen nach Großbritannien und in die Benelux-Staaten

Die BRD lehnte die Zweistaaten-Theorie, wie der nach dem Krieg entstandene Status quo bezeichnet wurde, grundsätzlich ab.

Als Jugoslawien und Kuba die DDR diplomatisch anerkannten, brach Bonn die Beziehungen ab.

Einige kapitalistische Staaten und Entwicklungsländer waren durchaus bereit, ihre Beziehungen zur DDR schrittweise zu normalisieren, was die BRD mit ihrem ganzen politischen und ökonomischen Gewicht zu verhindern wusste. Das bedeutete: keine diplomatischen Beziehungen, keine Anerkennung der Pässe der DDR, keine Botschaften, keine offiziellen Handelsvertretungen, keine Handelsabkommen, aber dafür höhere Zölle, eine strangulierende Lizenzpolitik, kein Zahlungsabkommen.

Neben der CoCom-Liste und dem Allied Travel Office erwies sich die Hallstein-Doktrin als das wirksamste Mittel der Bundesregierung gegen die DDR.

Die DDR gelang es darum bis 1969, lediglich zu dreizehn Staaten volle diplomatische Beziehungen zu entwickeln. Erst danach – nachdem sich in Bonn die sozial-liberale Koalition unter Kanzler Willy Brandt zur Aufgabe der Hallstein-Doktrin entschlossen hatte – wagte es eine Reihe Staaten der Dritten Welt, diplomatische Beziehungen zur DDR aufzunehmen. Und nach dem Grundlagenvertrag zwischen der DDR und der BRD 1972 folgten alle kapitalistischen Industrieländer. Als letztes Land nahm 1974 die USA Beziehungen zur DDR auf.

Die genannten diskriminierenden Maßnahmen der NATO – von CoCom über das Alliierte Reisebüro bis hin zu diversen Boykotten und Embargos – erfolgten mit

Staaten wie Frankreich unterliefen den BRD-Alleinvertretungsanspruch, indem auf nichtstaatlicher Ebene mit der DDR kooperiert wurde. Am 7. Januar 1965 unterzeichnen der Präsident der Kammer für Außenhandel der DDR und der Vorsitzende des Services Commerciaux Francais en Allemagne ein erstes derartiges Abkommen

voller Unterstützung der Bundesrepublik oder auf deren Initiative.

In dieser Phase begrenzte die BRD den sogenannten innerdeutschen Handel auf sieben bis acht Milliarden DM jährlich. Bonn schädigte damit die DDR wie auch BRD-Firmen.

Dies erfolgte aufgrund einer ideologisch motivierten Politik, die sich dem strategischen Ziel der USA unterordnete, die »Ausbreitung des Kommunismus« einzudämmen und zurückzurollen. Dazu wurde die DDR, wurden die anderen sozialistischen Staaten auf allen Feldern mit der Absicht bekämpft, das alternative Gesellschaftsmodell zum Kapitalismus zu beseitigen. Das war der Kern des Kalten Krieges.

Bezogen auf die deutschen Verhältnisse hieß das Beseitigung der DDR und Herstellung der deutschen Einheit unter westdeutschem Diktat, also Wiederherstellung der bis 1945 im Osten herrschenden kapitalistischen Verhältnisse.

Dass dies bis 1989 nicht gelang war der solidarischen Hilfe und Unterstützung der Sowjetunion und der anderen Staaten der sozialistischen Gemeinschaft zu danken.

Wenige Monate nach Gründung der DDR, im Februar 1950, verhängte der Westen ein Stahlembargo. Ihm folgte 1951 die zeitweilige völlige Unterbindung des Handels der BRD mit der DDR. Zehn Jahre später, im September 1960, kündigte Bonn das Handelsabkommen mit der DDR auf ... Das Bündnis mit der UdSSR und den anderen sozialistischen Ländern verhinderte dramatische Auswirkungen auf die DDR. Für das Ministerium für Außenhandel und Materialwirtschaft ergaben sich daraus schwierige Aufgaben.

Wir brauchten ein Minimum an verbindlichen Vereinbarungen, um unsere notwendigen Handelsbeziehungen mit dem kapitalistischen Teil der Welt abzusichern, um

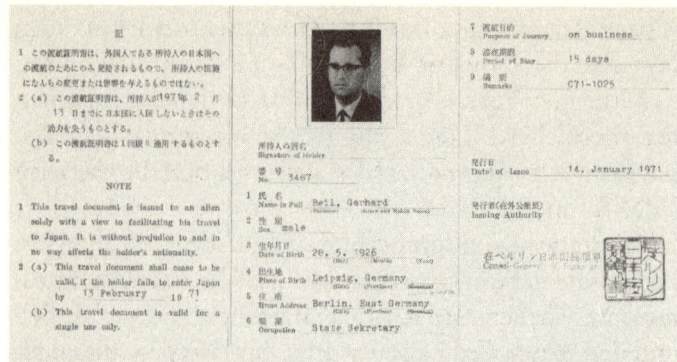

*Um das Allied Travel Office in Berlin-West zu umgehen,
stellte Japan Dienstpapiere wie diese aus. Sie hießen »Travel
Document for Aliens« , 1971*

unseren Staat stabil zu halten. Dazu mussten Zwischenlösungen gefunden werden – zwischen »gar nicht« und »alles« gibt es immer Möglichkeiten. Die zentrale Aufgabe des Ministeriums, günstige äußere Bedingungen für die Realisierung der Außenhandelsaufgaben zu schaffen, konnte nur gegen die negativen Maßnahmen der BRD und ihrer Verbündeten und mit politischen und wirtschaftlichen Kräften in jenen Ländern, die wir für die Lösung unserer Aufgaben brauchten, sowie im Bündnis mit der UdSSR und den anderen sozialistischen Ländern durchgesetzt werden.

Das am 7. Oktober 1949 von der Regierung der DDR gegründete Ministerium für Außenhandel und Materialwirtschaft nannte sich seit dem 20. Oktober 1949 »Ministerium für Innerdeutschen Handel, Außenhandel und Materialwirtschaft«. Die Hinzufügung »für innerdeutschen Handel« trug der Tatsache Rechnung, dass der Handel mit der Bundesrepublik auf staatlicher Ebene abgewickelt und darum ebenfalls von einem Regierungsorgan realisiert werden sollte, dennoch aber gegenüber dem Außenhandel Besonderheiten aufwies.

Die Ausgangspunkte für den Außenhandel standen fest: Für die Industrie der DDR mit ihrem vielfältigen Exportangebot und den ständigen Import-Notwendigkeiten war die UdSSR der wichtigste Absatz und Beziehungsmarkt. Die politischen und staatlichen Beziehungen zur UdSSR und den sozialistischen Staaten sicherten der DDR für etwa 70 Prozent der Außenhandelsaufgaben stabile Absatzmärkte. Die erforderlichen Handelsabkommen mussten jährlich und später maßgeblich neu verhandelt und den neuen Bedingungen angepasst werden, die stabilen Grundlagen blieben immer erhalten.

Die Außenhandelsstruktur der DDR war durch die ökonomischen und politischen Bedingungen vorgegeben. Das Fehlen von eigenen Rohstoffvorkommen, die Auswirkungen der Teilung eines ehemals einheitlichen Wirtschaftsgebietes und die enge politische Bindung an die UdSSR und die Mitgliedschaft im RGW erlaubten wenig Veränderungsmöglichkeiten. Der Import von Rohstoffen war ohne Alternative.

Selbst die USA hielten sich nicht mehr an ihre Vorschriften und stellten für die Einreise von Gerhard Beil im November 1972 Behelfspapiere aus, als dieser von Wirtschaftskapitänen nach New York eingeladen wurde, um über den Handel zwischen der DDR und den USA zu diskutieren

Als Hauptpartner kam aus ökonomischen und politischen Gründen nur die UdSSR in Frage. Die Bezahlung erfolgte mit Erzeugnissen der DDR-Industrie, der riesige Markt der Sowjetunion gestattete uns große Serien und damit eine rationelle Fertigung.

Der Umfang des Handels mit den anderen sozialistischen Ländern wurde durch gemeinsame Mitgliedschaft im RGW bestimmt. Damit war die territoriale Struktur zu etwa 65 bis 70 Prozent festgelegt. Die Beziehungen mit den sozialistischen Ländern waren für die DDR politisch und wirtschaftlich existenziell und für lange Zeit unsere einzigen politischen und ökonomischen Sicherheiten.

Die DDR brauchte allerdings auch Erzeugnisse, die aus dem RGW nicht bezogen werden konnten, weil es die dort nicht gab. Dazu gehörten neben anderem Kaffee, Tabak, Obst oder Häute, komplette Industrie-Anlagen, hochleistungsfähige Maschinen für die Datenverarbeitung und Bürotechnik und chemische Erzeugnisse. So mussten entsprechende Waren aus Entwicklungs- und kapitalistischen Industrieländern importiert werden.

Der Import aus den Entwicklungsländern war politisch nicht belastet, überdies exportierten wir ausreichend in diese Staaten, die erforderlichen Finanzmittel waren ausreichend vorhanden.

Anders der Außenhandel mit kapitalistischen Industriestaaten, er unterlag besonderen Bedingungen, die nicht der knappen Devisenlage geschuldet waren. Es existierte die bereits erwähnte CoCom-Liste mit den restriktiven Festlegungen. Bestimmte Erzeugnisse waren zum Export in die DDR (und in die anderen Ostblock-Staaten) nicht zugelassen. Und: Im Handel mit der BRD konnte nie außer Acht gelassen werden, dass zur Durchsetzung politischer Absichten Lieferungen in die DDR verhindert, also boykottiert wurden. Um Störungen in der Produktion zu vermeiden, mussten Abhängigkeiten vermieden und, wo dies unmöglich war, sehr kritisch behandelt werden. Die Herstellung funktionierender Alternativen war unbedingt notwendig.

Gemäß solchen Überlegungen konzentrierten wir uns auf die Entwicklung wirtschaftlicher Beziehungen zu Frankreich, Großbritannien, Österreich, Belgien, Italien, Japan und die USA. Mit Ausnahme der Vereinigten Staaten verfolgten diese Länder keine konkreten politisch diktierten Ziele gegenüber der DDR. Die meisten westeuropäischen Staaten waren mehr oder weniger an der Existenz eines zweiten deutschen Staates interessiert, sie alle suchten nach Absatzmöglichkeiten. Bezüglich Bereitschaft und technischer Leistungsfähigkeit stellten dies Alternativen dar, die unsere Bewegungsmöglichkeit vergrößerte.

Unsere Erkenntnisse aus Kontakten mit nichtsozialistischen Staaten und deren Haltung zur Aufnahme offizieller Beziehungen machten uns bewusst, dass der Druck der USA, der BRD, der NATO zu groß war, um in kurzer Zeit zu einer gravierenden Kurskorrektur zu kommen. Das schloss jedoch nicht aus, unterhalb der staatlichen Ebene zu Vereinbarungen zu gelangen.

Die von Bonn gewünschte Anerkennung der Bundesrepublik Deutschland als einzigen deutschen Staat wurde in den westlichen Hauptstädten nicht so verstanden, dass damit überhaupt keine Beziehungen zur DDR aufgenommen werden sollten. Schließlich habe die Regierung keinen Einfluss darauf, hieß es notfalls, wenn nichtstaatliche Organisationen und Einrichtungen im Lande mit Partnern in Ostdeutschland handelten. Das signalisierte uns, dass man nicht auf wirtschaftliche Beziehungen mit der DDR verzichten mochte. Die britische *Daily News* meinte, man dürfe das Monopol der BRD auf den Osthandel nicht festschreiben. Das war die wirtschaftspolitische und handelspolitische Ausgangslage der DDR.

Meist gingen Attacken von der Regierung der BRD aus. Aber auch die USA setzten auf Boykott- und Embargomaßnahmen, um damit die wirtschaftliche Entwicklung im Osten zu ver- und zu behindern. Dadurch wuchs der Lebensstandard in der DDR nicht so rasch wie in der BRD, das als Schaufenster des Westens firmierte, was entsprechend propagandistisch herausgestellt wurde.

Auf diese Weise entstand ein gewaltiger Sog. Unter den Bedingungen der bis 1961 offenen Grenze führte das zu einem gewaltigen Aderlass. Die Mehrheit der »Flüchtlinge« kehrten der DDR nicht aus politischen, sondern aus wirtschaftlichen Gründen den Rücken. Zwischen 1949 und 1961 zogen etwa 3,5 Millionen Menschen von Ost nach West, aber nur 0,6 Millionen in umgekehrter Richtung. Meist gingen junge, gut ausgebildete und motivierte Menschen »nach drüben«, die dem wirtschaftlichen Aufschwung in der BRD sehr zugute kamen. Nachdem dieser Strom wegen des Mauerbaus versiegte, musste man sich »Gastarbeiter« aus den Mittelmeerländern holen.

Die DDR aber wurde durch den Fortgang dieser Menschen erheblich geschwächt. Der Verlust von »Humankapital«, wie das in der Sprache des Kapitals heißt, traf die DDR hart.

Aber die BRD profitierte davon beachtlich.

Notwendigkeit und Auftrag des Außenhandels der DDR

Weil der Außenhandel so wichtig war, gab es schon in der ersten Regierung ein Ministerium für Außenhandel und Materialwirtschaft. Die Verflechtung mit der Welt und die damit verbundene Abhängigkeit verlangte die Teilnahme am Welthandel. Für die Normalisierung der wirtschaftlichen Beziehungen der sowjetische Besatzungszone besaß die Leipziger Messe eine überragende Bedeutung. Am 6. März 1946 ordnete darum die Sowjetische Militäradministration in einem von Marschall Georgi Shukow unterzeichneten Papier an: »Zwecks Förderung des Handels und der Industrie in der sowjetischen Besatzungszone sowie des Warenverkehrs zwischen der sowjetischen und den anderen Besatzungszonen in Deutschland als auch mit dem Ausland befehle ich, die alljährliche Durchführung der Leipziger Messe zu erneuern. Die erste Leipziger Messe hat vom 8. bis 12. Mai 1946 stattzufinden.«

Ohne die aktive Unterstützung der SMAD und deren strategische Entscheidung wäre diese Messe allenfalls eine Zonenangelegenheit geblieben. Dem Messeamt wurde am 3. April 1946 als erster deutscher Institution gestattet, Kontakte mit ausländischen Militärmissionen aufzunehmen. Im grenzüberschreitenden Personenverkehr entschieden aber weiter einzig und allein die Besatzungsmächte.

Und noch ein weiteres Faktum war wichtig: Da die Hallen der technischen Messe während des Krieges von den Dessauer Junker-Werken zur Rüstungsproduktion

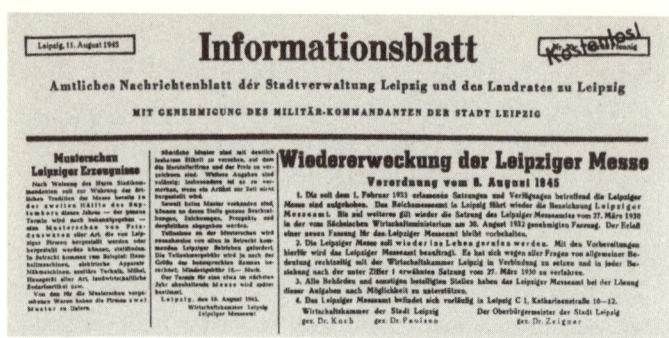

Leipzig, 11. August 1945

Informationsblatt

Amtliches Nachrichtenblatt der Stadtverwaltung Leipzig und des Landrates zu Leipzig

MIT GENEHMIGUNG DES MILITÄR-KOMMANDANTEN DER STADT LEIPZIG

*Im August 1945 wird von der Leipziger Stadtverwaltung
die Wiederbelebung der traditionellen Messe angekündigt*

genutzt worden waren, erfolgte deren Demontage. Diese
wurde am 3. November 1945 von der SMAD gestoppt.

Problematisch war jedoch die Unterbringung der erwarteten Messe-Besucher. Auf dem Messeamt lasteten die
Quartiersorgen wie ein Alb. Vor dem Krieg standen in
Leipzig 3.500 Hotelbetten und 115.000 Privatquartiere
zur Verfügung. Vier Fünftel der Hotelkapazität aber
waren vernichtet, ein reichliches Drittel der Privatquartiere ebenfalls. Der Rest war mit sogenannten Umsiedlern
belegt. Mit aktiver Unterstützung des Leipziger Oberbür-
germeisters Dr. Erich Zeigner gelang es dennoch, in der
zerstörten Stadt 19.300 Privatquartiere zu akquirieren.
Ohne diese wäre die erste Nachkriegs-Messe vermutlich in
der Wiege verstorben.

Ein Jahr nach Kriegsende fanden sich 2.771 Aussteller
in Leipzig ein, darunter 538 aus den Westzonen. Die
Stände waren spartanisch und meist mit zwei oder sogar
drei Firmen belegt. Die Ausstellungsfläche umfasste
26.300 Quadratmeter, verteilt auf fünf Messehäuser und
drei Hallen – ein Achtel im Vergleich zur Vorkriegszeit.

Zur Messe im Frühjahr 1947 kamen bereits 5.049
Aussteller und 270.000 Besucher. Die Umsätze lagen bei
466 Millionen Reichsmark. Damit schien der Anschluss

an die Welt erreicht. Die Frühjahrsmesse 1947 sollte die erfolgreichste der 40er Jahre bleiben, was niemand ahnte.

Anlass zur Verwunderung hatte das Messeamt dennoch. Die Handelskammern der Westzonen ließen wissen, sie hätten 70.000 Messeausweise verkauft. In Leipzig zählte man aber nur 32.500 westdeutsche Besucher. Die *Schaulade* klärte in Heft 54/1947 auf: »Die Russen hatten zur Erleichterung der Einreise aus den anderen Zonen zugestanden, auf einen besonderen Interzonenpass zu verzichten und den Messeausweis als solchen gelten zu lassen. Die Amerikaner aber bestanden auf einen Interzonenpass, der mit einem sechsseitigen Fragebogen beantragt werden musste. Jeder der beiden Grenzübertritte nach Leipzig und zurück musste auf einem anderen Papier bestätigt werden. Von den potenziellen Leipzig-Reisenden blieb offenbar jeder Zweite im engmaschigen Netz des Genehmigungsverfahrens der Westmächte hängen.«

Die Messehäuser in der Innenstadt sind Ruinen, die Messehallen werden demontiert. Keine Guten Aussichten

Bald entwickelte sich ein Messeritual, das bis zum Ende der DDR beibehalten wird. Am Vorabend findet ein Konzert, am ersten Messetag der Rundgang der Partei- und Staatsführung statt. Auf einer internationalen Pressekonferenz wird über Schwerpunkte der Messe und Grundsätzliches informiert. Parallel erfolgen Gespräche mit Politikern.
Foto: Walter Ulbricht beim Besuch der französischen Halle, Frühjahrsmesse 1969. Rechts neben ihm Gerhard Beil und Erich Honecker, links vom Staatsratsvorsitzenden Willi Stoph, links Außenhandelsminister Horst Sölle

Um Leipzig das Wasser abzugraben, rief man in Hannover eine Art Gegen-Messe ins Leben. Die *Niedersächsische Volksstimme* schrieb am 19. August 1947: »Die neue Hannover-Messe bezweckt die Loslösung des deutschen Westens vom übrigen Deutschland. An Gegenstimmen fehlte es nicht, aber es gab Erscheinungen, die nachdenklich stimmen mussten. So entschied sich der Messe-Neuling Hannover, der sich einen beliebigen Termin aussuchen konnte, für den 18. August bis 7. September 1947 – und brachte all jene Aussteller in Verlegenheit, die sich an

*Beginn des Rundgangs, Herbstmesse 1981. Außenhandels-
minister Horst Sölle, Erich Honecker, Gerhard Beil (v.l.n.r.)*

der eingeführten Leipziger Herbstmesse vom 2. bis 7. September 1947 beteiligen wollen.«

Erspart blieb die Qual der Wahl den Interessenten aus der sowjetischen Besatzungszone: Sie wurden in Hannover nicht zugelassen.

Die erste Hannover-Messe war für die Veranstalter ein Fiasko. Ganze 32 Millionen Reichsmark betrug der Umsatz, ein Fünfzehntel des Leipzig-Volumens. Dass offenkundig auch die westdeutsche Wirtschaft an Leipzig festhielt, durchkreuzte die Absichten der Initiatoren der Hannover-Messe deutlich.

Die westlichen Behörden besetzten daraufhin nicht mehr den Leipziger Messedienst, was bedeutete, dass Aussteller aus dem Westen Exportabschlüsse in Leipzig nicht mehr wie bis dahin üblich dort genehmigen lassen konnten, sondern daheim. Dort aber wurden sie etwa bei Rohstoffzuteilungen gegenüber jenen benachteiligt, die in Hannover ausstellten und Verträge schlossen.

Trotz solcher Störversuche und Benachteiligungen der Leipziger Messe schrieb die Leipziger Messe von Mal zu Mal Geschichte. 1954 kamen 672.000 Besucher – aus der BRD 13.000, aus weiteren 59 Ländern fanden sich 7.400 Einkäufer ein. Vertreten waren alle Kontinente. Es begann sich herumzusprechen, dass die DDR ein interessanter Markt geworden war und in Leipzig gute Abschlüsse erzielt werden konnten.

Maßgeblich für Leipzigs Rückgewinnung seiner Weltbedeutung war die Tatsache, dass diese Messe ein fast geschlossenes Bild bot von der Wirtschaft der Län-

Auftakt im neuen Gewandhaus, Frühjahrsmesse 1989. NRW-Ministerpräsident Johannes Rau (SPD), nachmaliges Staatsoberhaupt der BRD, zwischen Horst Sindermann und Günter Mittag, links: Gerhard Beil

der des Ostens, also des Rats für Gegenseitige Wirt-
schaftshilfe (RGW). Nirgendwo sonst waren alle Staaten
des Comecon (*Council for Mutual Economic Assistance*),
wie der RGW im Westen hieß, so umfangreich präsent.

Die Aussteller »entdeckten« Leipzig in verschiedenen
Wellen. An der Messe 1954 beteiligten sich 28 kapitalistische Länder mit 997 Ausstellern. Noch aber ließen die
führenden Konzerne auf sich warten. Zur Messe 1954
kamen die Ruhrstahl AG, Klöckner, MAN, BASF und
Hoechst allenfalls als Vorkommando. Die weltbekannte
Firma Lanz stellte zwar auch aus, allerdings getarnt unter
dem Namen ihrer Niederlassung in Holland.

Ein Jahr später beeindruckten jedoch die Großen.
Donnerwetter, man hätte doch schon früher dabei sein
sollen, klagte ein Mannesmann-Vertreter im *Volkswirt*.

*Gerhard Beil im Gespräch mit Niedersachsens Ministerin
Birgit Breuel (CDU), später Treuhand-Chefin zur
Abwicklung der DDR-Volkswirtschaft, und Walter Leisler
Kiep, von 1971 bis 1992 Bundesschatzmeister der CDU,
Frühjahrsmesse 1983*

*Frühjahrsmesse 1972: Standgespräch mit dem Vorsitzenden
des Wirtschaftsausschusses Frankreich-DDR Georges Villiers
(2. v.r.). Dieser hatte Dachau überlebt und führte von 1946
bis 1966 den Industriellen-Verband Frankreichs CNPF*

1956 war Mannesmann erstmals dabei. Nach 18 Jahren
tauchten auch die drei Ringe von Krupp wieder im Messe-
bild auf. Ebenfalls eingefunden hatten sich Siemens, AEG,
Thyssen, Phoenix, Rheinruhr, English Steel, ICI, Ciba,
Renault und viele andere.

Der Messekatalog des Jahres 1956 glich einem Ver-
zeichnis der namhaften Weltfirmen. Die Ost-West-Achse
rotierte wieder. Sie erfasste auch die Dritte Welt – Brasilien, Argentinien, Chile, Kolumbien und Indien zählten
schon 1953 zu den Aussteller-Ländern. Libanon, Syrien,
Sudan, Irak, Tunesien und Ghana folgten.

Die Strategen der BRD waren erfahrene Leute, sie
wussten genau, mit welchen Maßnahmen sie uns stören
und Schaden zufügen konnten. Ihr Problem jedoch war:
Sie rechneten stärker mit der Solidarität ihrer Verbündeten, die ihnen nicht immer folgten, weil sie eigene Interes-

Die Messe als ein wesentliches Instrument der DDR, die westliche Ausgrenzungsstrategie zu unterlaufen. Hier: Walter Ulbricht im britischen Pavillon. Links außen Beil

sen hatten. Trotz Boykott-Maßnahmen gegen die Leipziger Messe konnten sie jedoch nicht die Entwicklung dieser für uns so wichtigen Einrichtung aufhalten.

Eine besondere Belastungsprobe bestand Leipzig zu Beginn der 60er Jahre. Die Herbstmesse 1961 sollte das erste Ereignis von internationaler Bedeutung in den Ost-West-Beziehungen nach Schließung der Grenze zu Westberlin sein. Bonn untersagte Teilnahme wie Reise an der Leipziger Messe und forderte die Unternehmen auf, die Mietverträge mit dem Leipziger Messeamt zu kündigen.

Diesem Boykott der Messe schloss sich der NATO-Rat am 17. Dezember 1961 an.

Zwei Drittel der BRD-Aussteller aber – rund 800 – hielten dem Druck stand und kündigten ihre Stände auf der Messe nicht. Ihre Namen fanden sich dafür in den Spalten der *Bild* vom 4. September 1961. Das Boulevard-Blatt aus dem Hause Springer stellte die Leipzig-Fahrer an den Pranger. Das war nur gut gemeint, denn die *Bild*-Leser sollten nicht aus Unkenntnis Erzeugnisse der »Ostzonen-Fahrer« kaufen. Wie der *Spiegel* 38/1961 zutreffend vermerkte, waren es vorwiegend kleine und mittlere Firmen, denen die Boykotteure in Bonn einen Verzicht auf Leipzig abtrotzten. Zur Herbstmesse stellte traditionell die Konsumgüterindustrie aus.

Wie also würde es bei der Frühjahrsmesse 1962 aussehen, wo sich die tonangebende Schwerindustrie in Leipzig präsentieren würde?

Die Gutehoffnungshütte mit drei Tochtergesellschaften, ein bedeutendes Montan- und Maschinenbauunternehmen mit Sitz in Oberhausen im Ruhrgebiet, das in

Herbstmesse 1980: Begrüßung am Kollektivstand der USA. US-Präsident Carter schickte 1978 eine Botschaft: »Im Namen des Volkes der Vereinigten Staaten überbringe ich Grüße und die Hoffnung auf eine Weiterentwicklung der Zusammenarbeit und des Verstehens zwischen den Vereinigten Staaten und der Deutschen Demokratischen Republik«

den 80er Jahren in der MAN AG aufgehen sollte, hielt an Leipzig fest. Andere Mammutunternehmen entschieden sich für das Zwar-nicht-aber-doch-Spiel – sie sagten ihre Teilnahme ab, schickten aber ihre Emissäre mit Kauf- und Verkauf-Vollmachten. Zu diesen »Aktentaschen-Ausstellern« zählten Krupp, Klöckner, Thyssen, die Salzgitter AG, die Phoenix-Rhein-Ruhr AG, die Hoechster Farb-Werke, Bayer Leverkusen, die Badische Anilin- und Soda-Fabrik (BASF) und andere Großkonzerne.

Gekommen jedoch waren Imperial aus Großbritannien, die Stickstoffwerke AG Österreich, Ciba Schweiz und Pèchine Frankreich. Die Stahlindustrie war mit 18 britischen, vier französischen und sechs belgischen Unternehmen vertreten. Japans Stahlindustrie feierte Messe-Premiere. Aus England waren 45 Aussteller mehr als im Vorjahr gekommen. Aus Italien sogar 53.

Frühjahrsmesse 1987: Heiß nicht nur auf Fototermine mit dem ersten Mann der DDR – der Ministerpräsident von Baden-Württemberg, Lothar Späth, schon bald von 1990 bis 2003 in Jena tätig

Die BRD-Unternehmen taten das einzig Richtige: Sie ignorierten den Rüttli-Schwur, Leipzig künftig zu meiden.

Trotz dieser für uns positiven Entwicklung hatte die Aufkündigung des Berliner Abkommens von 1951 erheblich negative Auswirkungen. Dieses bildete die Rechtsgrundlage für den Handel zwischen der BRD und der DDR, der im westlichen Sprachgebrauch als »Interzonenhandel« bezeichnet wurde. Damit umging Bonn die staats- und völkerrechtliche Anerkennung der DDR, denn der Vertrag war nicht zwischen der BRD und der DDR geschlossen worden, sondern zwischen den »Währungsgebieten der DM-West und der DM-Ost«. Obgleich es spätestens seit 1964 keine »DM-Ost« gab, blieb das Abkommen bis zum Ende der DDR gültig. Im September 1960 hatte Bonn das Berliner Abkommen aufgekündigt. Ungeachtet der Tatsache, dass Bonn später einlenken musste und am 1. Januar 1961 den Handel wieder aufnahm, war damit deutlich geworden, dass dieser Handelspartner nicht verlässlich und unberechenbar war. Das mussten wir künftig berücksichtigen.

Die wenigen Monate, in denen die vereinbarten Waren und Zulieferungen ausblieben, lösten einen Millionenschaden aus. Investitionsvorhaben wurden verzögert oder mussten beendet werden. Die Regierung der BRD hatte, wie beabsichtigt, die Wirtschaft der DDR hart getroffen.

Das hatte jedoch keinen Einfluss auf die Entwicklung der Leipziger Messe. 1965 wurden sie und die Stadt Leipzig 800 Jahre alt. Das Motto »Leipziger Messe für weltoffenen Handel und technischen Fortschritt« unterstrich das völkerverbindende Anliegen der Mustermesse. Den Zuspruch, den die Jubiläums-Messe fand, widerspiegelte die Statistik deutlich. Die Ausstellungsfläche betrug inzwischen 344.000 Quadratmeter. 75 Länder waren vertreten, es kamen 10.500 Aussteller, davon 4.600 aus der DDR. Man zählte 735.00 Besucher aus 94 Ländern, davon aus der DDR 650.000. Und 1.690 Journalisten ließen sich akkreditieren.

Seit Gründung der DDR wickelte diese zu 70 Prozent ihren Außenhandel mit der Sowjetunion und den anderen Ostblockstaaten ab. Diese zwei Drittel unseres Außenhandels bot bis 1989 eine stabile Grundlage. Er fußte auf gemeinsamen politischen Zielen und Wertvorstellungen. Mittel- und langfristige Abkommen boten der DDR-Volkswirtschaft Sicherheit, weil sie berechenbar waren. Damit konnte man planen.

Etwa 26 bis 28 Prozent der Außenhandelsbeziehungen realisierten wir mit nichtsozialistischen Ländern. Diese für die DDR ebenfalls wichtigen Beziehungen, vor allem mit den kapitalistischen Industriestaaten, waren jedoch vom ersten Tage der Existenz der DDR oft starken Belastungen und Störungen unterworfen. Eben weil die Handels- und Wirtschaftsbeziehungen als Instrument im Kalten Krieg eingesetzt wurden. Damit wurde Druck ausgeübt, gedroht und erpresst.

Der Industriestaat DDR war vom Außenhandel abhängig, er brauchte die Außenmärkte, um seine Existenz zu sichern. Wie aber organisierte man diesen Außenhandel? Klare Ansage: Entweder gingen wir selbst auf die Außenmärkte, das war aufwändig und teuer – oder wir sorgten dafür, dass die Vertreter der Außenmärkte zu uns kamen. Am Besten natürlich: Man verband beides.

Das ist die Erklärung dafür, weshalb die Leipziger Messe einen derart hohen Stellenwert bei uns besaß. Die DDR hatte nicht nur die Kriegsschäden »geerbt«, sondern die international bekannteste und ältesten Messe der Welt. Daraus haben wir etwas gemacht!

Die sechs Jahre Krieg hatten in der Wirtschaftswelt die Erinnerung an diesen Welthandelsplatz nicht ausgelöscht. Es waren kluge Leute, die 1945 die traditionsreiche Messe nach dem furchtbaren Krieg wieder zum Leben verhalfen.

In einer Zeit, wo der Kampf um die tägliche Mahlzeit, das warme Zimmer oder überhaupt eine Behausung im Mittelpunkt standen, gehörte viel Mut und Optimismus dazu, Baumaterial und -kapazitäten für Messebauten abzuzweigen und eine Messe zu veranstalten. Die folgenden Jahre gaben den Initiatoren recht, obwohl sie sicher nicht wussten, welchen Stellenwert die Messe in den kommenden Jahrzehnten in der politischen und wirtschaftlichen Auseinandersetzung der Systeme und in der Volkswirtschaft der DDR bekommen sollte.

Leipzig leistete einen wesentlichen Beitrag für die Ausgestaltung der Außenhandelsbeziehungen der DDR und damit zum Aushöhlen des Alleinvertretungsanspruch der BRD. Bereits in den 60er Jahren wurden etwa die Hälfte aller Exportverträge der DDR auf der Leipziger Messe abgeschlossen. Das erleichterte die Aufgaben des Außenhandels. Es ersparte uns aufwändige Reisen, vor allem in die kapitalistischen Industrieländer, zumal unter den diskriminierenden Bedingungen des Alliierten Reisebüros.

Die Leipziger Messen vermittelten aber auch ein Bild vom Aufbau der Deutschen Demokratischen Republik und ihrer wirtschaftlichen Leistungsfähigkeit. Im Laufe der Jahre kamen neben den Kaufleuten auch immer mehr Politiker und Journalisten nach Leipzig, um Kontakte zu knüpften, Gespräche zu führen, Eindrücke zu sammeln. Die Berichte aus Leipzig und über Leipzig wurden zunehmend sachlicher.

Ein großer Teil der ausstellenden Staaten – vor allem Entwicklungsländer, aber auch kapitalistische Industriestaaten – nutzten Leipzig für Verhandlungen mit der Sowjetunion und anderen RGW-Ländern und zur Selbstdarstellung. Leipzig hatte einen guten internationalen Ruf, dessen man sich gern versicherte.

Die Leipziger Messen hatten seit Mitte der 50er Jahre einen klar gegliederten Ablauf. Sonntagabend, dem Vorabend der Eröffnung der Messe, fand ein feierliches Eröffnungskonzert statt. Zunächst in der Leipziger Oper, dann im Gewandhaus. Daran nahmen Ehrengäste, Vertreter der Staatsführung und der Regierung der DDR, Aussteller, Besucher und verdiente Leipziger Bürger teil. Später reichten die Plätze nicht, um alle Wünsche zu befriedigen.

Nach dem Rundgang der Staatsführung am Eröffnungstag empfing am Montagabend im Großen Saal des Leipziger Rathauses der Minister für Außenhandel. Die in Leipzig weilenden Regierungsmitglieder von Staaten, die mit Kollektiv- oder Einzelausstellungen an der Messe teilnahmen, hatten dort Gelegenheit, mit Ministern der DDR-Regierung, mit Direktoren von Kombinaten und Außenhandelsbetrieben sowie Mitarbeitern des Ministeriums für Außenhandel in ungezwungener Atmosphäre Gespräche zu führen oder zu vereinbaren.

Diese Gelegenheit wurde von Messegästen sehr begrüßt und angenommen, von Messe zu Messe wurde die Liste der Teilnehmer immer länger, aber die Säle des Leipziger Rathauses wuchsen nicht mit.

Zur Mitte der Messe lud der Präsident der Kammer für Außenhandel der DDR ein. Auch dort nahmen Firmenvertreter, ausländische Messegäste und Vertreter der Regierung, der Industrie und des Außenhandels der DDR teil. Viele interessante Gespräche mit geringem Zeitaufwand konnten geführt werden, die unter anderen Bedingungen eine weitaus größere logistische Vorbereitung erfordert hätten.

Die bei jeder Messe stattfindende internationale Pressekonferenz im neuen Rathaus nutzten Hunderte in Leipzig weilende Journalisten, um den Minister für Außenhandel, seinen Stellvertretern und den Vertretern der Industrie Fragen zur Messe, zur Geschäftstätigkeit, zu Schwerpunkten und Neuentwicklungen und ähnliches zu stellen. Leipzig war in der Tat eine Reise wert.

Die Selbstdarstellung der Messe und die Berichte in der auswärtigen Presse erzeugten in der Welt ein positives Bild, was wiederum das Interesse erhöhte. Es gab hier eine gewünschte dialektische Rückkopplung.

Leipzigs erste Aufgabe bestand für uns darin, unser eigenes Exportangebot zu präsentieren sowie Export- und Importverträge abzuschließen. Eine umfassende Ausstellung der DDR-Industrie zeigte in den Messehallen nicht nur das Sortiment, sondern auch den technischen Fortschritt, der Jahr für Jahr zunahm. Gleichzeitig damit wurde auch der wirtschaftliche Wiederaufbau sichtbar und damit nach innen Mut und Zuversicht vermittelt, wenn auch nicht alle auf der Messe gezeigten Erzeugnisse der DDR-Industrie in unsere Geschäfte kamen. Den nationalen Wert der Leistungsschau sollte man keineswegs unterschätzen.

Drittens schließlich besaß Leipzig als internationaler Handelsplatz Drehscheiben-Charakter, das heißt, auch andere Staaten und auswärtige Unternehmen konnten untereinander Geschäfte machen. Das geschah unter anderem mit Kollektivausstellungen sozialistischer, kapitalistischer und Entwicklungsländern. Die einzigartige Verbindung von Branchenmessen und Kollektivausstellungen in Leipzig ermöglichte es vielen Ländern der Dritten Welt, die mit ihrer Industrie noch nicht internationales Niveau erreicht hatten, sich als Land mit wirtschaftlichen Erfolgen und damit als internationaler Handelspartner zu präsentieren. In Branchenausstellungen wären ihre Erzeugnisse nicht konkurrenzfähig gewesen. Hier aber konnten sie sich der internationalen Handelswelt vorstellen.

Nicht zu vergessen: In der Hochzeit des Kalten Krieges konnten hier Wirtschaftspolitiker aus West und Ost Gespräche führen, die an anderen Orten und aus anderem Anlass als Politikum kaum möglich waren. Von dieser Möglichkeit wurde ausgiebig Gebrauch gemacht.

Die Rundgänge der Staatsführung am Eröffnungstag wurden genutzt, mit Auswahl, Reihenfolge und Verweildauer politische und handelspolitische Absichten zu signalisieren.

Im Vorfeld der Leipziger Messen wandten sich darum immer mehr Botschafter ausstellender Länder, Konzerne, Wirtschaftsorganisationen und Vorsitzende von Wirtschaftsausschüssen an das Ministerium für Außenhandel, das bekanntlich die Vorschläge für die Messerundgänge der Staatsführung ausarbeitete. Sie baten darum, sie zu berücksichtigen.

Wir konnten die Anzahl der Länder und Gesellschaften nicht wesentlich erweitern.

Hinzu kam: Die Besuchten erwartete, dass darüber in den Medien der DDR berichtet wurde, weil ein Fototermin mit dem ersten Manne der DDR daheim als Ausweis erfolgreicher Arbeit galt. Das Zentralorgan, und nicht nur dieses, glich darum am Tage nach dem Rundgang einer Hof-Illustrierten. Die Bitten nach Bildern über den Besuch vom Staatsratsvorsitzenden nahmen jedoch ständig zu. Für dieses Dilemma fanden wir keine Lösung.

Ich verstehe, dass sich viele Leser darüber mokierten.

Der Pavillon der Sowjetunion wurde immer besucht, die sozialistischen Nachbarn ebenfalls. Kuba sowie einige afrikanische und orientalische Länder standen auch auf dem Programm. Frankreich und Österreich waren stets dabei. Im Laufe der Zeit ging es dann nicht nur um das Land, sondern auch um bestimmte Unternehmen. Der Besuch einer Gesellschaft aus der BRD hing oft von der aktuellen Lage in den Beziehungen zwischen der DDR und der BRD ab. Waren diese kühl, waren es auch die Gespräche, sofern es sie überhaupt gab.

Als die USA erstmals Ende der 60er Jahre nach Leipzig kam, hatte sie einen Stand von 50 m², in der Berichterstattung war sie scheinbar der größte Aussteller. 1978 schickte

US-Präsident Carter an die Leipziger Frühjahrsmesse eine Botschaft. Sie war am Eingang der Kollektivausstellung zu lesen: »Im Namen des Volkes der Vereinigten Staaten überbringe ich Grüße und die Hoffnung auf eine Weiterentwicklung der Zusammenarbeit und des Verstehens zwischen den Vereinigten Staaten und der Deutschen Demokratischen Republik.«

Darüber wurde oft und ausführlich berichtet. Das war verständlich, weil es unter den teilnehmenden Ländern und Firmen einen Wettbewerb gab. Wer auf eine Messe geht, möchte wahrgenommen und in den Medien erwähnt werden. Auch Politiker nutzten die Messe für sich als Bühne. Ministerpräsidenten und Oberbürgermeister reisten aus der BRD an. Rau, Späth, Engholm, Lafontaine, Diepgen, Momper, die ersten Männer aus Hamburg und Bremen. Sie alle kamen zur Leipziger Messe und wollten vom ersten Mann der DDR empfangen werden, damit darüber in der heimatlichen Presse berichtet wurde.

Die meisten reisten mit eigenen Presseleuten an. Sie wollten wiedergewählt werden. Aber in die Mikrofone erklärten sie, für Absatz und Arbeitsplätze in ihrer Region gekämpft zu haben. Ein Senator aus Hamburg sagte: »Ich habe in den Gesprächen mit Vertretern der DDR erreicht, dass wieder viel mehr Güter über Hamburg transportiert werden.«

Das war nicht zu kritisieren. Sie hatten ein anderes politisches System, das sie dazu zwang, alle vier Jahre Erfolge nachzuweisen. Die Leipziger Messen konnte dazu genutzt werden. Wenn ich am nächsten Tag die Berichte in den Zeitungen las, hatte ich manchmal den Eindruck, dass ich, obgleich an dem Gespräch beteiligt, an einer ganz anderen Begegnung teilgenommen habe. Aber so war und ist Politik.

In Spitzenzeiten hatten wir 600 bis 800 Journalisten aus aller Welt in Leipzig, und die wollten berichten.

Nach der Aufnahme diplomatischer Beziehungen mit der DDR besuchten auch immer mehr Regierungsmitglieder von Ausstellerstaaten die Leipziger Messe. Ab Mitte der 70er Jahre kamen regelmäßig die Handelsminister von Österreich, die Wirtschaftsminister Frankreichs, Minister und Ministerpräsidenten aus Belgien, Handelsminister aus Schweden, Italien, Großbritannien und anderen Ländern. Sitzungen von paritätischen Wirtschaftsausschüsse fanden während der Messe statt, mit Japan und der USA wurden dort Abkommen verhandelt und unterzeichnet. Große Wirtschaftsdelegationen aus Japan, den USA und Australien besuchten Leipzig und führten Gespräche über den Stand der wirtschaftlichen Beziehungen ... Leipzig wurde zweimal im Jahr zum Zentrum des Ost-West-Handels.

Aufgrund der zunehmenden Bedeutung der Messe verlegte das Ministerium für Außenhandel im März und im September einen Teil seiner Tätigkeit für zehn Tage nach Leipzig.

Die Leipziger Messe war allerdings gleichzeitig ein Stück offener Grenze. Das war nicht ganz ungefährlich. Es kamen nicht nur Kaufleute oder Politiker aus dem Ausland, sondern auch Leute, die andere Absichten verfolgten. Es war nicht nur eine Güterabwägung, ob der Nutzen größer war als der mögliche Schaden. Wir hatten vor Ort gute Partner, die uns halfen, die richtigen Entscheidungen zu treffen und abzusichern.

Gegenstrategien

Unmittelbar nach Gründung der DDR war absehbar, dass die westlichen Staaten der zweiten deutschen Republik die diplomatische Anerkennung verweigern würden. Das hing mit der Zuspitzung des Kalten Krieges zusammen – in Korea wurde er sogar heiß –, mit der Einbindung der BRD in die US-Strategie in Europa und dem Alleinvertretungsanspruch der Bundesrepublik. Auch Staaten, die nicht dem Nordatlantik-Pakt, der NATO, angehörten, folgten den Ausgrenzungsvorgaben und unterließen es, Beziehungen zur DDR aufzunehmen. Österreich, Schweden, Schweiz oder Finnland, Japan und Australien hielten sich bedeckt. Allerdings war erkennbar, dass man es dort für möglich hielt, unterhalb der Regierungsebene und jenseits von Staatskontakten wirtschaftliche Beziehungen zur DDR aufzunehmen.

Im Wissen um diese Zwänge orientierten auch wir uns darauf, nichtstaatliche Einrichtungen ins Leben zu rufen, mit deren Hilfe wir das Ausbleiben verbindlicher staatlicher Beziehungen zwischen der DDR und kapitalistischen Industrieländern zunächst kompensieren konnten.

Dabei eruierten wir die unterschiedlichen Voraussetzungen. In NATO-Staaten galten für uns die Reisebestimmungen der Militärkommandanten der USA, Großbritannien und Frankreichs (Allied Travel Office), während außerhalb der NATO unsere Pässe anerkannt wurden und CoCom-Maßnahmen nicht griffen. Außerdem begannen sich in Westeuropa selbst verschiedene Gruppierungen zu entwickeln. Es gab NATO-Mitglieder und Staaten, die sich politisch und wirtschaftlich zur Europäischen Wirtschaftsgemeinschaft zusammenschlossen. Belgien, die BRD, Frankreich, Italien Luxemburg und die Niederlande gründeten 1957 diese EWG. Dänemark, Norwegen, Österreich, Portugal, Schweden, die Schweiz und Großbritannien hingegen gründeten 1960 die *European Free Trade Association* (EFTA), später schlossen sich noch Finnland, Island und Liechtenstein an.

Das war Ausdruck unterschiedlicher Interessen wie eben auch die Option eines unterscheidbaren Umgangs mit uns.

Finnland beispielsweise verweigerte uns wie alle anderen die diplomatische Anerkennung, ließ aber eine offizielle Handelsvertretung mit einem Gesandten und Handelsrat als Leiter zu. Es wurden auf staatlicher Ebene Handelsabkommen geschlossen, die jährlich mit Vertretern der finnischen Regierung vom Ministerium für Außenhandel der DDR neu verhandelt wurden. Es gab gemischte Regierungskommissionen DDR-Finnland, die auftretende Probleme erörterten und lösten. Unsere Pässe wurden anerkannt. Finnland achtete in Bezug auf die beiden deutschen Staaten sorgfältig auf gleiche Behandlung.

EFTA-Länder wie Österreich und Schweden erkannten – im Gegensatz zu den EWG-Ländern – unsere Pässe ebenfalls an. Allerdings wollten sie Konflikte mit der BRD vermeiden, weshalb sie es unterließen, die DDR völkerrechtlich anzuerkennen. Wie sehr sie unter dem Druck Bonns standen, sollte am 21. Dezember 1972 deutlich werden: Zur selben Stunde, als der Grundlagenvertrag in Berlin unterzeichnet wurde, erfolgte die Anerkennung der DDR durch Österreich. Wien wollte mit der Normalisierung der Beziehungen keine Sekunde länger warten.

Ansprechpartner, um die pressiven Maßnahmen und Vorgaben zu unterlaufen, fanden wir in politischen Kreisen solcher Staaten, die von der Hitlerwehrmacht besetzt worden waren und wie wir mit Unmut beobachteten, dass in der Bundesrepublik ehemalige Nazi-Aktivisten aus Politik, Justiz, Militär, Wissenschaft und Wirtschaft wieder Spitzenpositionen besetzten.

Dennoch: Der Außenhandel mit den kapitalistischen Industrieländern verlief in den ersten Jahren sporadisch, er war ohne langfristige Grundlage. Meist gingen die Kontakte auf Vorkriegsbeziehungen zurück. Ehemalige Kunden von Unternehmen, die nunmehr ihren Sitz in der DDR hatten, knüpften nach jahrelanger Unterbrechung die Beziehungen neu. Wir aber mussten den wachsenden Bedarf der Industrie der DDR an Waren, Rohstoffen und Ersatzteilen planmäßig bedienen.

Schon im April 1949 waren erste Außenhandelsunternehmen durch die Deutsche Wirtschaftskommission (DWK) gebildet worden. Sie sollten später die Basis der Außenhandelsorganisationen der DDR bilden.

1952 wurde die Kammer für Außenhandel der Deutschen Demokratischen Republik als Körperschaft des öffentlichen Rechts gegründet. Mit dieser nichtstaatlichen Organisation sollten die staatlichen Beschränkungen der westlichen Industriestaaten umgangen werden.

Der in Berlin ansässigen Kammer gehörten Außenhandelsbetriebe der DDR, Vereinigungen Volkseigener Betriebe (VVB) sowie Exportbetriebe an. Mitglieder waren ebenfalls die Industrie- und Handelskammern sowie die Deutsche Handelsbank AG.

Die Kammer sollte Außenhandelsunternehmen und Exportbetriebe unterstützen: bei der Herstellung und Vertiefung von Wirtschaftsbeziehungen zu ausländischen Handels- und Wirtschaftsorganisationen, bei Abschlüssen von Handelsvereinbarungen mit entsprechenden Organisationen in kapitalistische Ländern, sie sollte handelstechnisch beraten bei der Abwicklung von Außenhandelsgeschäften, bei der Organisierung von Messen und Ausstellungen im Ausland, bei der Herausgabe von

Informationsmaterial, der Bestellung von Gutachtern und Sachverständigen usw.

Im Laufe der Zeit stellte sich heraus, dass bei der Realisierung von Außenhandelsaufgaben besondere Regulierungen erforderlich waren. Deshalb wurde 1954 in Berlin als Sonderorgan bei der Kammer für Außenhandel ein Schiedsgericht gegründet, das Außenhandelsstreitigkeiten regulieren sollte.

1964 kam ein Dispatcherbüro in Rostock hinzu, das zuständig war für die Regulierung von Havariefällen.

Die Hauptaufgabe der Kammer für Außenhandel bestand darin, unter Leitung des Ministeriums für innerdeutschen und Außenhandel erste Kontakte mit Ländern aufzunehmen, um festzustellen, ob und welche Voraussetzungen für eine Zusammenarbeit bestanden. Sie sollten jene Länder ausfindig machen, in denen wir Absatz- und Bezugsmöglichkeiten sahen. Das setzte dort politischen Willen, aber auch eine gewisse ökonomische Potenz voraus, um dem möglichen Druck der BRD standzuhalten, der zweifellos entstehen würde, wenn die Beziehungen zur DDR bekannt würden. Wir loteten also aus, wo wir über die Kammer für Außenhandel zu verbindlichen Vereinbarungen gelangen könnten.

Dabei konnte sich die Kammer auf Erfahrungen der Deutschen Notenbank stützen, die nach Gründung der DDR Verrechnungsabkommen für Außenhandelsgeschäfte mit nichtsozialistischen Staaten geschlossen hatte.

Das waren die Rahmenbedingungen, unter denen die Deutsche Demokratische Republik ihre wirtschaftlichen Aufgaben in den ersten Jahren und Jahrzehnten ihrer Existenz erfüllte.

In vielen Gesprächen, Beratungen und Verhandlungen gelang es uns, zwischen 1952 bis 1955 in Großbritannien, Norwegen, Schweden, Dänemark, Frankreich, Österreich, Niederlande, Belgien, Griechenland und in der

Schweiz Partner zu finden, die bereit waren, mit der Kammer für Außenhandel der DDR vertragliche Beziehungen über den Warenaustausch einzugehen. In den Hauptstädten stimmte man zu, dass die Kammer für Außenhandelsbeziehungen Vertretungen oder Büros einrichteten.

Dabei unterstützten uns Firmen, Persönlichkeiten und Behörden in jenen Ländern, die nicht bereit waren, sich den Bonner Vorgaben zum Umgang mit der DDR vollständig zu unterwerfen. Unsere Partner waren Handelskammern, Unternehmer- und Industriellenverbände, Industrievereinigungen, Konzerne, Wirtschaftsverbände, aber auch Organisationen, die ausschließlich für den Handel mit der DDR ins Leben gerufen wurden. Es handelte sich ausnahmslos um nichtstaatliche Einrichtungen.

Das war das Hauptargument, wenn die BRD auf die Hallstein-Doktrin pochte. Die angemahnten Regierungen verwiesen darauf, dass sie keinen Einfluss darauf hätten, wenn Handelskammern, Industriellenverbände und andere nichtstaatliche Einrichtungen mit Einrichtungen in der DDR Kontakte hätten. So sei eben die freie Marktwirtschaft.

Zwischen der Deutschen Notenbank und der Kammer für Außenhandel der DDR fand naturgemäß ein enger Austausch statt, um geeignete Ansprechpartner zu finden. Die Bereitschaft war sehr unterschiedlich ausgeprägt. Die Beziehungen der Deutschen Notenbank zu Banken in europäischen Ländern und Übersee liefen zunächst über das Unternehmen *Deutscher Industrie- und Außenhandel* (DIA)-*Kompensation*. Dieses war seit Ende der 40er Jahre aktiv. Seine Bankverbindungen ins Ausland liefen über die Deutsche Notenbank. Am 4. Januar 1952 schloss die Deutsche Notenbank ein Zahlungsabkommen mit der Banque Francais mit Warenlisten der DIA-Kompensation. Ab 1956 trat die Kammer für Außenhandel an Stelle der DIA in dieses Abkommen ein.

Nichtoffizielle Kontakte auf der Leipziger Frühjahrsmesse mit Belgien, 1965. Zweiter von rechts: Prof. Henry Fast, bis 1939 Zeitungsverleger in Brüssel, in den 40er Jahren Berater von Tschou En-lai, in den 60er Jahren Wegbereiter der Wirtschaftskontakte Belgiens in die DDR. Links außen Hans Bahr, Präsident der DDR-Kammer für Außenhandel, rechts Monfies vom belgischen Außenhandelsamt. Gerhard Beil Zweiter von links

Die Nationalbank Griechenlands schloss 1953 ein Abkommen mit der Staatsbank der DDR ab. Die Warenlisten wurden mit dem griechischen Handelsministerium verhandelt. Die Kammer für Außenhandel richtete eine Vertretung in Athen ein.

Eine große türkische Privatbank mit staatlicher Beteiligung wurde 1954 Partner der Deutschen Notenbank. 1954 schloss die Deutsche Notenbank Zahlungsabkommen mit der Staatsbank Uruguays, 1955 mit der Staatsbank Kolumbiens, 1956 mit der Staatsbank Portugals und 1958 mit der argentinischen Staatsbank. Später wurde eine Vertretung in Portugal eingerichtet. Gleichzeitig wurden Warenlisten als Teil der Zahlungsabkommen mit der Kammer für Außenhandel vereinbart.

Das mit der Deutschen Notenbank am 29. Februar 1960 geschlossene Abkommen mit Kuba wurde am 17. Dezember 1960 auf die Regierung der DDR umgestellt und die Deutsche Außenhandelsbank direkter Partner für den Zahlungsverkehr.

1958 schloss die Staatsbank Brasilien ein Abkommen mit der Deutschen Notenbank, das danach in die Partnerschaft der Außenhandelsbank überging und bis 1990 galt.

Die Handels- und Zahlungsbedingungen mit Spanien basierten auf dem Bankenabkommen zwischen der Deutschen Notenbank und dem Institutio Espaniol de Monedo Extranjera aus dem Jahr 1961. Dieses Abkommen wurde 1966 mit einem Protokoll ergänzt. Es existierten keine Handelsvertretungen vor 1973.

Die Kammer für Außenhandel stieß überall auf Bereitschaft, den Handel zu entwickeln. Allerdings waren die

1963: Ankunft in Athen. Erstmals besucht ein DDR-Minister ein NATO-Land – Julius Balkow (M.) mit einer Delegation von Außenhändlern. Links außen Gerhard Beil

Möglichkeiten und Intentionen sehr unterschiedlich. Großbritannien war bereit, die Kammer für Außenhandel zu akzeptieren, aber nur als private Gesellschaft. Sie bestanden auf Gründung einer britischen Kammer für Außenhandel Ltd., die im Handelsregister mit dem Zusatz *Non Profit Making Company* eingetragen werden musste. Zunächst aber sollte die *Confederation of British Industry* (später *Federation of British Industry*) diese Geschäfte besorgen.

Zuvor hatten britische Firmen, die bereits vor dem Krieg mit Firmen handelten, die auf dem Gebiet der nunmehrigen DDR ansässig waren, sich zu einem *Belfa Committee* zusammengeschlossen. Sie protestierten gegen die beabsichtigte Konstituierung der britischen Kammer. Darüber setzte sich London hinweg, indem es das Komitee kurzerhand auflöste.

Die Kammer für Außenhandel konnte unmittelbar danach eine Vertretung, wenn auch mit privatem Charakter, in London eröffnen.

Die holländische Seite zeigte sich als sehr zurückhaltend. Die Ursachen lagen in den geschichtlichen Erfahrungen mit Deutschland und dem Einfluss der BRD auf holländische Wirtschaftskreise. Das Königreich der Niederlande hatte mit der SMAD Anfang 1949 ein Clearing-Abkommen für die sowjetische Besatzungszone, der späteren DDR, abgeschlossen. Im Herbst 1954 handelte die Kammer für Außenhandel und die Deutsche Notenbank mit der Niederländischen Handelskammer für Deutschland ein Handels- und Banken-Abkommen aus. Im November 1955 teilte die niederländische Seite mit, dass die Handelskammer für Deutschland lediglich für die Beziehungen zur BRD zuständig sei und kündigte deshalb das Abkommen.

Für die Beziehungen mit der DDR wurde nunmehr eine private »Stiftung für Deutschland« (*Stichting Neder-*

landse Kamer van Koophandel voor Duitsland) gegründet, deren Partner die Kammer für Außenhandel wurde. In der zweiten Hälfte der 60er Jahre konnte mit Unterstützung einflussreicher niederländischer Firmen der Name der Stiftung dahingehend verändert werden, dass statt »Duitsland« die Staatsbezeichnung »DDR« aufgenommen wurde. Also: »Stichting Nederlandse Kamer van Koophandel voor de DDR«. Es gab Warenlisten für die Ein- und Ausfuhr, über die jährlich verhandelt wurde.

Auf der Grundlage der Vereinbarung mit der »Stiftung« wurde in Amsterdam eine Vertretung der Kammer für Außenhandel eröffnet. Bezeichnung und Adresse lauteten Vertretung der Kammer für Außenhandel der Deutschen Demokratischen Republik in den Niederlanden, Honthorststraat 38, Amsterdam.

Die in der Niederländischen Handelskammer für Deutschland tätigen Vertreter Hollands und der BRD wollten in keinem Falle mit den »Zonendeutschen zusammenarbeiten«, was wir durchaus registrierten. Aufgeschlossene Wirtschaftskreise der Niederlanden korrigierten sich Jahre später, aber die Atmosphäre war durch diese feindselige Haltung aus der Anfangszeit belastet.

Verhandlungen mit Italien begannen am 7. Mai 1957 und wurden mit der Unterzeichnung eines Abkommens mit Warenlisten und der Einrichtung eines multilateralen Kontos auf Lire-Basis am 23. Mai 1957 erfolgreich beendet.

Der Präsident der Kammer für Außenhandel, Dr. Lessing, leitete die Delegation, die eine komplizierte Lage vorfand. Mit Unterstützung der Handelsräte der UdSSR und der CSSR, die bereits seit Jahren in Rom tätig waren, gelang es jedoch, einen italienischen Wirtschaftskreis zu finden, der den Abschluss des Abkommens unterstützte. Partner der Kammer für Außenhandel wurde das *Institutio Nazionale per il Commercio Estero (ICE)*, das Nationale

Institut für Außenhandel, eine starke Einrichtung der italienischen Industrie.

In Rom wurde eine DDR-Vertretung unter der Bezeichnung *Representanza Camera Comercio Estero Republica Democracia Tedesca in Italia* eröffnet. In Mailand unterhielt sie eine Außenstelle.

Seit 1954 gab es in Brüssel ebenfalls eine Vertretung des DDR-Außenhandels. Am 15. Februar 1955 schloss die DIA-Kompensation das erste Abkommen. Die Kammer für Außenhandel beteiligte sich 1955 mit einem Tag der DDR an der Brüsseler Messe. Die Haltung der belgischen Behörden war zunächst sehr destruktiv, das sollte sich erst in den späten 50er Jahren ändern.

In den Jahren 1954/55 wurden mit weiteren Ländern entsprechende Vereinbarungen angebahnt. Am 11. Dezember 1954 erfolgte der Abschluss eines Abkommens mit Schweden mit einer Laufzeit bis 31. Dezember 1955. Die DIA-Kompensation und die Schwedische Aktiengesellschaft *AB Sukob* vereinbarten Warenlisten, die Verhandlung erfolgte zwischen der Deutschen Notenbank und der Skandinavska Bank in Stockholm, die Abschlüsse erfolgten in Schweden-Kronen zu international üblichen Zahlungsbedingungen.

Mit Norwegen schloss die DIA-Kompensation ebenfalls ein Abkommen, der Partner war die *Norsk Kompensations Selskap*. Die Bezahlung erfolgte in Norwegischen Kronen auf einem Verrechnungskonto der Deutschen Notenbank und der Norges Bank Oslo. Die Kammer für Außenhandel konnte in Oslo eine Vertretung öffnen.

Das am 19. November 1955 in Finnland geschlossene Abkommen erfüllte alle Anforderungen an ein staatliches Abkommen: abgeschlossen zwischen der Regierung der Republik Finnland und der DDR, Eröffnung einer Handelsvertretung mit Gesandten und Handelsrat als Leiter.

In den 50er Jahren wurden in Frankreich und Belgien andere Partner tätig. Diese beiden Länder hatten große Traditionen mit Abkommen auf halbstaatlicher Basis, wobei die Definition je nach Bedarf ausgelegt wurde. Frankreich benannte für die Partnerschaft das *Center National Commerc Exterritorial* (CNCE) und Belgien das *Office Belgue Commerc Extorial* (OBCE).

Mit Island gab es ein Bankenabkommen und eine Vertretung der Kammer für Außenhandel.

In der Kammer für Außenhandel in Österreich, der Bundeskammer für gewerbliche Wirtschaft Österreichs, fanden wir eine starke und einflussreiche Organisation. Die umfangreichen Kenntnisse der österreichischen Wirtschaft, die Aufgabenstellung in den Bundesländern und die Verantwortung für das Ausstellungs- und Messewesen erwiesen sich für uns als eine große Unterstützung. Die Vertretung der Kammer für Außenhandel in Wien konnte unbehindert arbeiten.

Anfang 1960 bestanden im nichtsozialistischen Europa dreizehn Vertretungen der Kammer für Außenhandel, die, geleitet von Handelsräten, Vorläufer von offiziellen Handelsvertretungen der DDR darstellten. Die Mitarbeiter kamen zunächst von der Kammer für Außenhandel. Im Laufe der Zeit nahmen an den Verhandlungen der Kammer für Außenhandel mit ihrem zum Teil privaten oder halbstaatlichen Partnern Vertreter der Wirtschaftsministerien der kapitalistischen Länder und Vertreter des Ministeriums für Außenhandel der DDR teil, ohne die Abkommensebene zu verändern, aber mit der Überzeugung, dass diese Abkommen die Unterstützung der Regierungen hatten. Das betraf Frankreich, Italien, Belgien, Griechenland, Norwegen und England.

Wir verbuchten das als einen bedeutenden politischen Erfolg, der mit wirtschaftlichen Vorteilen verbunden war. Damit wurden Zollsätze, Lizenzen, Anerkennung der

Nach dem Besuch der ersten Ausstellung der Kammer für Außenhandel in Griechenland, 1964

Warenzeichen und auch die Tätigkeit der Mitarbeiter unserer Vertretung offiziell.

In dieser Periode, in der die Hallstein-Doktrin in vielen NATO-Ländern das Verhalten gegenüber der DDR bestimmte, erhielten wir viel Unterstützung, um die negativen Auswirkungen der BRD-Politik für uns zu mildern, sie abzuschwächen oder ganz abzuwehren. Nicht wenige Verantwortungsträger in Ländern Westeuropas nahmen nicht hin, dass ihr Verhältnis zur DDR fremdbestimmt wurde. Ihre Erfahrungen vor und während des Zweiten Weltkrieges veranlassten sie zu einer kritischen Haltung zur Außenpolitik der BRD. Ihre Schlussfolgerung lautete, man müsse den zweiten deutschen Staat im Interesse ihres eigenen Staates unterstützen. Dabei spielten natürlich auch eigene ökonomische Interessen eine Rolle.

Solche Vertreter des Großbürgertums und einflussreiche Persönlichkeiten in Frankreich, Belgien, Holland, Großbritannien veranlassten ihre Regierungen, wenn schon keine grundlegenden Änderungen möglich waren, zumindest Zwischenlösungen für eine Erweiterung der Beziehungen zur DDR zu finden. Das hatte positive Wirkungen für unseren Außenhandel. Nach der diplomatischen Anerkennung der DDR gehörten diese Personen und Unternehmen unverändert zu unseren berechenbaren Wirtschaftspartnern.

Eine zweite Personengruppe, die uns behilflich war, in westlichen Staaten Fuß zu fassen, bildeten die einstigen Emigranten, die vor den Nazis geflohen oder von ihnen vertrieben worden waren. Sie hatten inzwischen etwa in den USA, in Australien, Kanada und Mexiko Macht und Einfluss gewonnen.

Der Präsident einer großen Bank an der Westküste der USA, der Präsident der größten amerikanischen Metallhandelsgesellschaft, der Wirtschaftsminister des kanadischen Staates Alberta, ein großer Industrieller im Staate Victoria in Australien, ein von der englischen Königin geadelter Lord und Generaldirektor einer großen Handelsfirma interessierten sich für die DDR bzw. diesen Teil Deutschlands, weil er zu ihrer persönlichen Geschichte gehörte. Dort hatten sie Wurzeln und naturgemäß eine besondere Affinität. Sie war in vielen Fällen der Beginn vorteilhafter Beziehungen.

Keine Fortschritte erzielten wir in NATO-Ländern. Die Mitarbeiter unserer Vertretungen mussten unverändert mit Pässen des Allied Travel Office reisen. Das vom Alliierten Reisebüro in Westberlin ausgestellte Dokument war befristet und das Einreise-Visum musste stets neu beantragt werden. Deshalb zogen wir es vor, Beratungen mit unseren Handelsräten nicht in Berlin, sondern in Brüssel oder Stockholm abzuhalten.

Es gelang uns von Jahr zu Jahr besser, unter diesen komplizierten Bedingungen unsere Aufgaben als Außenhändler in den Außenhandelsbetrieben, den Handelsvertretungen, der Kammer für Außenhandel und im Ministeriums zu erfüllen. In den ersten 22 Jahren der DDR wurden vertragliche Bindungen eingegangen, Organisationen geschaffen, Handelsvertretungen mit unter-

Ohne Travel-Pass auf die Akropolis: Außenhandelsminister Balkow und Beil, 1963

schiedlichem Status eingerichtet und zuverlässige politische Partner vor Ort gewonnen. 1971 bestanden mit allen kapitalistischen Ländern unterhalb der staatlichen Ebene vertraglich geordnete Beziehungen.

Inzwischen hatte es weltpolitisch – trotz Kaltem Krieg – grundlegende Veränderungen gegeben. Die beiden Groß- und Führungsmächte in den beiden Systemen, hatten ein militärstrategisches Gleichgewicht erreicht. Das hätte im Falle eines bewaffneten Konflikts zur wechselseitigen Vernichtung geführt, weshalb ein solcher Krieg unter allen Umständen verhindert werden musste. Dieser zutreffenden Erkenntnis folgte der Schluss, dass man sich zwangsläufig arrangieren und akzeptieren, also friedlich koexistieren müsse. Vor diesem Hintergrund entwickelte sich eine Entspannungspolitik, die auch zum Abbau von Restriktionen des Kalten Krieges führte. In Europa führte das unter anderem zur Liquidierung der Hallstein-Doktrin, der Unterzeichnung des Vierseitigen Abkommens über Berlin, des Moskauer (UdSSR-BRD), des Warschauer (Polen-BRD) und des Grundlagenvertrages (DDR-BRD).

Diese Veränderungen der politischen Großwetterlage berührten jedoch nicht den juristischen Status der Abkommen und der Vertretungen. Sie mussten nunmehr neu verhandelt werden. Die Gestaltung der wirtschaftlichen Beziehungen wurde zunehmend ins Ministerium für Außenhandel verlagert und führten zu direkten Gesprächen mit den jeweils zuständigen Ministern.

Auch die Regelungen des Allied Travel Office wurden bereits vor deren Abschaffung ausgehebelt und unterlaufen. Die Reisen des DDR-Ministers für Außenhandel Julius Balkow (1909-1973) nach Griechenland (1963) und nach Belgien (1964) waren schon nicht mehr von der Zustimmung des Travel-Büros abhängig.

Die ersten Präsidenten und Vizepräsidenten der Kammer für Außenhandel – Dr. Gottfried Lessing, Kurt Wolf,

Hans Bahr, Herbert Merkel und Rudi Blankenburger – leisteten eine wichtige Arbeit, um die DDR handelspolitisch auf der Weltbühne zu platzieren. Handelsräte wie Kurt Schnell, Karl Keilholz, Hans-Gerd Träger, Jost Prescher, Werne Renkwitz, Siebold Kisten, Jochen Steyer, Klaus Apel, Gerhard Schramm, Christian Meyer, Dieter Funke, Klaus Reh und Wolfgang Steger bauten Handelsvertretungen im Ausland auf und prägten dort das Bild von der DDR. Sie alle wurden in ihren Gastländern als zuverlässige und erfahrene Partner sehr geschätzt und hoch geachtet.

Nebenbei: Der erste Präsident unserer Außenhandelskammer, Dr. Gottfried Lessing, hatte 1945 in der britischen Emigration die 26-jährige geschiedene Doris Wisdorn geheiratet. Sie sollte 2007 als Doris Lessing den Nobelpreis für Literatur erhalten.

Irene Lessing, die Schwester von Gottfried Lessing, heiratete Klaus Gysi. Aus dieser Ehe ging Gregor Gysi hervor.

Die Wende

Die 1969 in Bonn gebildete SPD/FDP-Regierung unter Bundeskanzler Willy Brandt war ins Amt gewählt worden, um eine neue Ostpolitik zu entwickeln und durchzusetzen. Die anmaßende Politik der Hallstein-Doktrin war endgültig gescheitert.

Jahre zuvor, 1963 in Tutzing, hatte der Sozialdemokrat Egon Bahr die Weichen mit einer These gestellt. Die neue strategische Orientierung lautete »Wandel durch Annäherung«. Dabei blieb offen, wer sich wandeln und wer sich wohin annähern sollte. DDR-Außenminister Otto Winzer charakterisierte die SPD-Strategie als »Konterrevolution auf Filzlatschen«. Und Bahrs Kollege Herbert Wehner nannte die Losung »Ba(h)ren Unsinn«.

Wie auch immer die Folgen dieser Politik zu bewerten sind – am Ende hatte sich die DDR derart »gewandelt«, dass nichts mehr von ihr blieb –, so brachte sie am Beginn der 70er Jahre Bewegung in die Politik. Man verließ die Schützengräben des Kalten Krieges und erarbeitete gemeinsam ein Vertragswerk.

Im August 1970 schlossen die BRD und die UdSSR den Moskauer Vertrag. Dem folgte im Dezember 1970 der Vertrag der BRD mit Polen, der Warschauer Vertrag. Im September 1971 wurde das Viermächteabkommen über Berlin unterzeichnet. Vertraglich ungeregelt waren nur noch die Beziehungen zwischen den beiden deutschen Staaten. Diese Lücke schloss der Grundlagenvertrag zwischen der BRD und der DDR. Er wurde am 21. Dezember 1972 um 10 Uhr in der Hauptstadt der DDR vom Bundesminister für besondere Aufgaben, Egon Bahr, und

DDR-Staatssekretär Michael Kohl unterzeichnet. Der Hinweis auf die Uhrzeit ist, wie gleich zu sehen sein wird, nicht unwichtig.

Die internationale Wirkung dieses Vertrages zwischen den beiden deutschen Staaten nach mehr als zwanzig Jahren ihrer Existenz wirkte wie die Öffnung eines Ventils. Obwohl die Ratifizierung des Vertrages erst Mitte 1973 in der BRD erfolgen sollte, erklärten bereits am 21. Dezember 1972, also am Tage der Vertragsunterzeichnung, drei Staaten die diplomatische Anerkennung der DDR.

Die Schweizer Eidgenossenschaft hatten bereits am Vorabend eine entsprechende Erklärung abgegeben, Österreich und Schweden folgten. Diese drei neutralen Staaten lösten sich als erste aus der babylonischen Gefangenschaft der Bundesrepublik Deutschland. Von der österreichischen Seite war ursprünglich die Anerkennung der DDR erst bei deren Aufnahme in die UNO in Aussicht genommen worden. Nun aber sprach man am 21. Dezember, 10 Uhr, die Anerkennung der DDR aus. Exakt zur gleichen Minute, als der Grundlagenvertrag unterzeichnet wurde, erfolgte dieser Schritt. Man wollte offenkundig keine Minute länger warten, signalisierte diese Geste. Sie war von hohem Symbolwert – wie vieles, was in der Politik geschieht.

Ebenfalls am 21. Dezember erklärten Zypern und das NATO-Land Belgien die völkerrechtliche Anerkennung der DDR. In den nächsten zehn Tagen, obgleich doch zum Jahresende auch die Politik in der Regel ruht, folgten fünfzehn weitere Staaten.

Bis zum 11. Mai 1973, dem Tag der Ratifizierung, haben 42 Staaten der DDR ihre Anerkennung ausgesprochen. Das war eine Demonstration. Die DDR war damit weltweit akzeptiert. Ausnahmen bildeten die USA, die erst im September 1974 die Anerkennung der DDR vollzogen, und Kanada.

15. Februar 1973: Botschafter Dr. Werner Fleck übergibt in der Wiener Hofburg sein Beglaubigungsschreiben an Österreichs Bundespräsidenten Franz Jonas. Fleck, Jahrgang 1931, Arbeiterkind aus Roßlau und promovierter Pädagoge, war maßgeblich an der Entwicklung des Bildungssystems der DDR beteiligt, ehe er 1973 in den diplomatischen Dienst wechselte. Von Wien ging er später als Botschafter nach Frankreich. 1990 amtierte er als Außenminister in der Regierung de Maiziere, nachdem die SPD die Regierungskoalition verlassen hatte und der glücklose Außenminister Markus Meckel aus dem Amt schied

Damit machte sich die ausdauernde Arbeit der DDR endlich bezahlt. Der Damm war gebrochen. Eine neue Etappe begann.

In folgender zeitlicher Reihe erkannten diese Staaten, auf die ich im Einzelnen noch zu sprechen kommen werde, die DDR an:

Schweiz   20. Dezember 1972
Königreich Schweden   21. Dezember 1972

Republik Österreich	21. Dezember 1972
Australischer Bund	22. Dezember 1972
Königreich Belgien	27. Dezember 1972
Königreich Niederlande	5. Januar 1973
Republik Finnland	7. Januar 1973
Königreich Dänemark	12. Januar 1973
Königreich Norwegen	17. Januar 1973
Republik Italien	18. Januar 1973
Großbritannien	8. Februar 1973
Republik Frankreich	9. Februar 1973
Japan	15. Mai 1973
Republik Griechenland	25. Mai 1973
Republik Portugal	19. Juni 1974
USA	4. September 1974
Kanada	1. August 1975

Die Aufnahme diplomatischer Beziehungen mit allen wichtigen kapitalistischen Ländern brachte für die DDR völlig neue Bedingungen. Wirtschafts- und Handelsabkommen wurden mit den Regierungen dieser Länder verhandelt und abgeschlossen. Für die kontinuierliche Arbeit wurden Gemischte Regierungskommissionen gebildet. Wir legten jedoch Wert darauf, dass die bisherigen Abkommenspartner, bestehende Wirtschaftsräte, Wirtschaftskommissionen und dergleichen mit ihren Erfahrungen weiter tätig blieben. Das erforderte eine klare Trennung der Verantwortung. Wir wollten auf die Organisationsformen, die wegen der fehlenden staatlichen Anerkennung sich bewährt hatten, keineswegs verzichten.

Dazu gehörten die in den 60er Jahren gebildeten Wirtschaftsausschüsse und die Gemischten Wirtschaftsräte. Das waren in der Regel Einrichtungen der Industrie des Gastlandes, etwa Unternehmerverbände oder Handelskammern. Ihnen gehörten die leitenden Personen der großen Konzerne an. Die DDR war dort mit Generaldirektoren der Außenhandelsbetriebe, mit Vertretern der Kombinate und Banken präsent.

Wir brauchten beides: gemischte Regierungskommissionen, die die Erfüllung geschlossener Handels- und Wirtschaftsabkommen kontrollierten und eventuell ergänzten, sowie neue Rahmenbedingungen, die den veränderten Bedingungen angepasst wurden. Die durch die Aufnahme staatlicher Beziehungen nun notwendige und mögliche Bildung von Gemischten Regierungskommissionen konnte diese Aufgaben jedoch nicht lösen.

Damit berücksichtigen wir auch die unterschiedliche Zuständigkeit von Ministerien in kapitalistischen und sozialistischen Staaten. Ein Außenhandelsminister in einem sozialistischen Staat konnte auf Grund der Verantwortung des Staates für die Wirtschaft verbindliche Zusagen machen, sein westlicher Kollege nicht. Dieser konnte Rahmenbedingungen schaffen, Orientierungen geben, aber auf den Abschluss von kommerziellen Verträgen keineswegs Einfluss nehmen.

Hinzu kam, dass durch die Fortführung dieser Gremien mehr Vertreter der Wirtschaft des Gastlandes unmittelbar in die Arbeit einbezogen wurden. Die bisherigen Mitglieder der Gremien waren stark interessiert, weiter an dieser Arbeit beteiligt zu sein. Das wurde mit Frankreich, Österreich, Japan und später auch mit den USA praktiziert und zeigte positive Wirkung.

Binnen kurzer Zeit musste nach der diplomatischen Anerkennung vieles geklärt werden: Abschluss diplomatischer Verträge, Auswahl des eigenen diplomatischen Personals, Etablierung von Botschaften. Der Außenhandel ordnete die Handelsvertretungen in die Botschaftsarbeit ein. Dies hatte positive Auswirkungen auf die Wirtschaftsbeziehungen mit diesen Ländern.

Der Außenhandel mit seiner Doppelfunktion – Importeur für den Bedarf der Industrie und der Bevölkerung und Exporteur, um die Bezahlung der Importe zu sichern – musste sich auf diese Aufgaben einstellen.

Export und Import entwickelten sich in den folgenden Jahren rasch. Es entstanden neue Organisationen der Industrie, Kundenstützpunkte und technische Büros mit DDR-Personal wurden eingerichtet, es gab Technische Tage und neue Gemischte Gesellschaften in kapitalistischen Industrieländern, die die DDR anerkannt hatten.

In den 70er Jahren kamen weitere Aufgaben auf die Außenpolitik, den Außenhandel und die Industrie der DDR zu. Beim Aufbau der äußeren Absatz- und Bezugsorganisationen in den Ländern, mit denen wir jetzt staatliche Beziehungen hatten, mussten wir eine auch für unser Land wichtige Einwicklung berücksichtigen. Weltweit setzte sich im Maschinenbau, vor allem im Werkzeugmaschinenbau, die Verbindung mit der Mikroelektronik zur elektronischen Steuerung durch.

Die wissenschaftlich-technische Revolution erfolgte vor allem in den USA, in Japan und in Westeuropa. Der RGW konnte objektiv nicht mithalten, unser Abstand wurde immer größer. Die UdSSR setzte ihr Forschungs- und Entwicklungspotenzial vorwiegend in der Rüstungsindustrie ein und ließ die Innovationen dort nicht in die zivile Produktion einfließen.

Diese Situation war für die DDR durchaus dramatisch. Aus den sozialistischen Ländern konnten wir keine Mikroelektronik beziehen, weil es dort keine gab, und in der kapitalistischen Wirtschaft keine kaufen, weil die CoCom dies verhinderte.

Der Anteil der Maschinenbau-Erzeugnisse am Export der DDR betrug etwa 50 Prozent. Im RGW ließen sich die Werkzeugmaschinen auch noch ohne mikroelektronische Steuerung verkaufen, nicht aber ins NSW. Der Export ins kapitalistische Wirtschaftsgebiet verlangte Neuerungen für unsere Maschinen, die einen guten Ruf in aller Welt besaßen. In den Hallen aller europäischer PKW- und LKW-Produzenten standen Pressen aus Erfurt und andere Maschinen aus der DDR. Um unseren Marktanteil zu halten, »erfanden« wir das System der Beistellungen. Die Käufer unserer Maschinen stellten die Mikroelektronik-Steuerung »bei«. Das konnte nur eine Zwischenlösung sein, zumal sich dadurch der Erlös reduzierte.

Doch wir benötigten die Mikroelektronik nicht nur für den Export und zur Aufwertung unserer Werkzeugmaschinen. Die Mikroelektronik, das zeichnete sich ab, würde bald alle Zweige der Wirtschaft und des öffentlichen Lebens durchdringen, sie bedeutete einen Quantensprung, eine Revolution in der Entwicklung von Technik und Wissenschaft. Und damit absehbar: einen neuen Industriezweig.

Letztlich würde die Mikroelektronik über unsere Perspektive als Industrieland bestimmen. Sein oder Nichtsein: das war hier die Frage.

Welche Auswirkungen die Mikroelektronik auf den Werkzeugmaschinenbau haben sollte, machen nur wenige Zahlen sichtbar: 1989 enthielten über 70 Prozent der produzierten Werkzeug- und Verarbeitungsmaschinen mikroelektronische Bauteile. Ohne sie wären sie nicht mehr zu verkaufen gewesen. Damit realisierte der Maschinenbau der DDR einen Exporterlös von über 65 Milliarden Mark, oder Umkehrschluss: Es hätten 65 Milliarden im Staatshaushalt gefehlt.

Andererseits mussten dazu für rund 250 Millionen DM Erzeugnisse der Mikroelektronik in Form von Bauelementen und -gruppen importiert werden (was etwa eine Milliarde DDR-Mark entsprach).

Der Werkzeugmaschinenbau in seiner Doppelrolle als Ausrüster für die DDR-Industrie und als großer, leistungsfähiger Exporteur stellte in den 40 Jahren seiner Exi-

Herbert Roloff, Generaldirektor Industrie-Anlagen-Import (IAI), schließt in Leipzig mit Citroen einen Vertrag über ein Gelenkwellenwerk für Zwickau im Volumen von 800 Millionen Valutamark

stenz mehr als 430.000 Werkzeugmaschinen her, davon wurden rund 80 Prozent in alle Welt exportiert. Über 60.000 Werkzeugmaschinen kauften Betriebe der BRD, 6.000 Maschinen gingen nach Großbritannien, 5.000 nach Italien und etwa 10.000 nach Frankreich. Dazu unterhielt der Industriezweig im Ausland zehn Verkaufs- und Servicegesellschaften, 30 nationale Maschinenhandelsfirmen und 16 Kundendienststützpunkte. Alle Einrichtungen waren mit hochqualifiziertem Personal des Werkzeugmaschinenbaus besetzt.

Die Notwendigkeit zur Orientierung auf die Mikroelektronik war in den 70er Jahren also objektiv gegeben. Die Rahmenbedingungen und Zwänge auch.

Letztlich blieb der DDR nichts anderes übrig, als eine eigene Mikroelektronik-Produktion in Angriff zu nehmen. Denn mit Einzelaktionen und Zufallsgeschäften, die wir unter Aushebelung der CoCom-Restriktionen tätigten, war keine Volkswirtschaft planmäßig und erfolgreich zu führen. Auf der anderen Seite war uns durchaus bewusst, dass die DDR und ihre Volkswirtschaft für einen solchen Kraftakt eigentlich zu klein war. Es waren rund 30 Milliarden für ein solches Programm veranschlagt worden, doch woher nehmen? Knowhow inklusive.

Wie hoch die Trauben hingen, macht ein Vergleich sichtbar: Die Selbstkosten eines 256 Kbit-Speicherchip betrugen hierzulande 534 Mark der DDR – auf dem Weltmarkt sechs DM.

Neben Sicherung und Ausbau der Außenmärkte auch durch Anpassung unserer Exportstruktur an die Kundenbedürfnisse sowie der Entwicklung einer eigenen mikroelektronischen Industrie stand eine dritte Aufgabe mit strategischem Charakter in den 70er Jahren auf dem Programm. Es mussten Engpässe und Disproportionen in der eigenen Wirtschaft überwunden werden, um die Effizienz der Produktion zu erhöhen.

Dort stellte sich die Frage, ob die benötigten Produktionsanlagen von uns selbst errichtet würden, oder ob der Bedarf durch Importe aus dem RGW gedeckt werden sollte. Obgleich wir einen bedeutenden Teil aus den sozialistischen Ländern importierten, blieb dennoch vieles offen. Wir benötigten auch Anlagen, die es in diesen Ländern nicht gab. Wir waren genötigt, mehrere Milliarden Valutamark für Investitionen aus dem NSW auszugeben. Das betraf Anlagen für die chemische und für die metallurgische Industrie, für Kalibergbau und -verarbeitung, für die Energiewirtschaft, den Maschinenbau und die elektrotechnische Industrie.

In den kapitalistischen Industrieländern hatte der Kauf von kompletten Anlagen in einer solchen Größenordnung einen hohen Stellenwert, er hatte sogar Einfluss auf die politischen Beziehungen. Die nunmehr bestehenden staatlichen Abkommen mit diesen Ländern ermöglichten es, bessere Konditionen zu erhalten.

Die Realisierung unserer Industriepolitik hatte weitreichende Wirkungen. Sie war gleichzeitig Wirtschaftspolitik, denn die Anlagen-Importe mussten zu internationalen Kreditbedingungen gekauft und mit dem Erlös von Exportwaren bezahlt werden. Mit diesen Importen konnte also auch eine aktive Handelspolitik verwirklicht werden.

Die Produzenten kompletter Anlagen waren (und sind) in allen Ländern Großbetriebe, die allein schon wegen ihrer Größe Einfluss auf die Politik und die staatlichen Stellen ihres Landes haben. Sie erwarteten folglich die Unterstützung durch ihre Regierungsstellen und damit die Möglichkeit, uns, dem Kunden, günstige Konditionen anbieten zu können, um zum Erfolg zu kommen. In einem offenen Weltmarkt gab es stets Mitbewerber, sofern man kein Monopol auf ein Produkt hatte.

Diese Situation nutzten wir natürlich, um unsere Interessen optimal umzusetzen: in Bezug auf Menge der Waren, die Konditionen, wozu nicht zuletzt der Preis gehörte, die Kredit- und Lieferbedingungen etc.

Die Zahl der Staaten, die die von uns benötigten modernen Anlagen liefern konnten, war begrenzt. Das waren Frankreich, Österreich, Japan, mit Einschränkungen auch Italien, Schweden und Großbritannien. Natürlich war auch die BRD in der Lage, uns zu beliefern. Doch die Erfahrungen der vergangenen Jahre mahnten uns zur Vorsicht. Unser Misstrauen richtete sich weniger gegen die Lieferanten, sondern gegen die politischen Rahmenbedingungen. Bonn hatte in der Vergangenheit mehr als einmal den Handel mit der DDR als Droh- und Druckmittel benutzt, um politisch-ideologische Vorstellungen durchzusetzen.

*Deutsch-französische Vertragspartner: Conrad Bernstein,
Präsident von Arbel, Peter Donhauser, Generaldirektor von
AHB Schienenfahrzeuge, Günter Lischke, Stellvertretender
Generaldirektor Kombinat Schienenfahrzeugbau, Eckard
May, Stellvertretender Minminister für Schwermaschinen-
und Anlagenbau, und Helmut Schindler, Generaldirektor
Transinter (v.l.n.r.)*

Die wichtigste Aufgabe für die Außenhändler bestand
darin, jene Produzenten zu finden, die in der Lage waren,
neueste Technik in hoher Qualität zu einem bestimmten
Zeitpunkt anzubieten. Dabei machten wir uns die Konkurrenz zunutze. Es wurde bei mehreren Produzenten
angefragt, um neben den technischen Parametern auch
Preise zu bekommen, die wir vergleichen konnten.

Beachtet werden musste ferner, ob die Gefahr der
Anwendung von CoCom-Vorgaben bestand, denn in vielen Fällen handelte es sich um strategisch wichtige Anlagen für uns, was am Sitz der CoCom durchaus durch-
schaut wurde.

Andererseits ging es um lukrative Milliarden-Käufe, die auch für die Regierenden in den betreffenden Staaten von erheblicher Relevanz waren. Dass unsere Botschafter in dieser Hinsicht ebenfalls aktiv wurden, lag also nahe. Das heißt, es bestand objektiv eine Verflechtung wirtschaftlicher und politischer Interessen, und das auf beiden Seiten. Am Ende, wenn denn ein Abschluss zustande kam und das Vorhaben in der DDR realisiert wurde, profitierten beide Seiten davon.

Auf DDR-Seite wurden Verhandlungen solcher Art gewissenhaft, um nicht zu sagen generalstabsmäßig vorbereitet. Die Kombinate der Industrie als künftige Betreiber und die Außenhandelsbetriebe als Vertragspartner nach außen arbeiteten dabei eng zusammen. Man eruierte, was das Modernste, Beste und Preisgünstigste auf dem Weltmarkt war und wo wir es beziehen könnten.

Für den Import der Anlagen war das Außenhandelsunternehmen Industrie-Anlagen-Import (IAI) verantwortlich. Es brachte alles in Vertragsform, mit der die Verantwortung aller Beteiligten bis zur Übergabe geregelt wurde.

Diese Aufgaben wurden durch das hochqualifizierte Leitungsgremium von IAI mit seinem erfahrenen Generaldirektor, Herbert Roloff, erfüllt.

Handelspolitik und Diplomatie

Die Aufgabenstellung für den Außenhandel unter den neuen Bedingungen der 70er Jahre erforderte eine Konzentration auf ausgewählte Länder. Und: Wir brauchten leistungsstarke Absatzorganisationen, die groß genug waren, um ein Exportvolumen zu realisieren, mit dessen Erlösen wir die Importe finanzieren konnten.

Die Industrie brauchte Rohstoffe, komplette Anlagen, Maschinen, Waren und andere Erzeugnisse, die wir nicht oder nicht in ausreichender Menge von unseren Hauptpartnern, den RGW-Ländern, beziehen konnten.

Nach diesen Grundsätzen schauten wir uns schon immer in der Welt um, nicht erst in den 70er Jahren. Schon in den Anfangsjahren konzentrierten wir uns auf Frankreich, Österreich, Großbritannien, Italien, Belgien, Holland, Griechenland und Finnland. Später kamen Japan, die USA, Kanada, Australien und einige andere für uns interessante Staaten hinzu.

USA, Großbritannien und Frankreich gehörten zu den Siegermächten des Zweiten Weltkrieges und übten bis 1972 alliierte Kontrollratsfunktionen aus, die sich aus dem Potsdamer Abkommen ergaben. Schweden, Österreich und Finnland waren neutrale Staaten. Alle anderen Länder, Japan ausgenommen, gehörten zudem der NATO an. Die Block- und Systemkonfrontation, eben der Kalte Krieg, bestimmte auch das Bild in den Medien, das über die DDR verbreitet wurde. An den nicht eben freundlichen, nicht unbedingt sachlichen Darstellungen war nicht zum Geringsten auch die Bundesrepublik und deren diplomatische Vertretungen beteiligt: Sie diktierten es mit.

Nachfolgend will ich über einige Erfahrungen in der Zusammenarbeit mit den genannten Ländern berichten. Die geschilderten Begebenheiten vermitteln einen Eindruck, wie Geschäfte angebahnt und abgeschlossen wurden. Sie gestatten auch Rückschlüsse auf Geist und Charakter dieser Verhandlungen, und nicht zuletzt: auf die Haltung gegenüber der DDR. Nach meiner Beobachtung zeitigt die Negativ-Propaganda über die DDR, der wir seit 1990 ausgesetzt sind, durchaus Wirkung. Deshalb ist es vielleicht ganz nützlich, sich daran zu erinnern, dass diese DDR und ihre offiziellen Vertreter überall auf der Welt gleichberechtigt und respektvoll beurteilt und behandelt wurden. Wir waren weder die Hungerleider noch Cretins, als die wir heute in manchen Darstellungen erscheinen.

Australien

1972 erhielt die Regierung der DDR von der UdSSR die Mitteilung, dass die erwartete Ernte in der Sowjetunion es nicht zulasse, Getreide an die DDR zu liefern. Bis dahin lieferte die Sowjetunion im Rahmen bestehender Abkommen regelmäßig nicht unbedeutende Mengen Getreide in die DDR, weil unser Aufkommen den Bedarf nicht deckte. Wir waren auf die Lieferungen aus der Sowjetunion angewiesen.

Der Vorsitzende des Ministerrates der DDR, Willi Stoph, schickte mich mit einer Delegation nach Australien, um über den Kauf von Getreide zu verhandeln und Verträge abzuschließen. Der Delegation gehörten der Staatssekretär im Ministerium für Land- und Forstwirtschaft, Dr. Hellmuth Koch, der Vizepräsident der Deutschen Außenhandelsbank, Dr. Werner Polze, der Generaldirektor des Außenhandelsbetriebes Transinter, Helmut Schindler, sowie unser Botschafter und der Handelsrat der

Zum Getreidekauf in Australien 1973: Arndt Schönherr, Hellmuth Koch, Helmut Schindler, Gerhard Beil, Dr. Werner Polze (von rechts)

DDR in Australien an. Wir flogen an einem Freitag im Oktober 1973 um 21 Uhr Ortszeit in London ab und trafen nach Zwischenlandungen in Beirut, Karachi, Bangkok und Singapur am Sonntagmorgen gegen 9 Uhr in Sydney ein. Zweimal war auf dem Flug die Crew gewechselt worden, wir hingegen mussten alles durchstehen.

Meine Kenntnisse über Getreide und den Handel damit waren begrenzt. Ich hatte schon einmal mit Regierungsmitgliedern des australischen Bundesstaates Victoria über ein Handelsabkommen verhandelt, aber nicht über Getreide mit ihnen gesprochen. Hellmuth Koch vom Landwirtschaftsministerium hingegen galt als erfahren im Getreidehandel. Dennoch: Wir hatten das übliche Problem. Das Getreide aus der UdSSR bezahlten wir mit Exportgütern. Das aus Australien musste sofort oder fast sofort bezahlt werden, und zwar in bar. Das war international so üblich.

Hellmuth Koch hatte schon einmal, und zwar 1972, eine Million Tonnen Getreide gekauft, nun benötigten wir weitere 800.00 Tonnen. Unser Verhandlungspartner in Canberra war Australiens Minister für Überseehandel, Scully. Ziel unserer Verhandlungen sollte sein, unbedingt das Getreide zu bekommen und mindestens einen Teil mit Exporten aus der DDR zu bezahlen. Das war schwierig: Australien war weit weg, lag außerhalb unseres Erfahrungshorizontes und war demzufolge kein großer Absatzmarkt für uns.

In der Delegation der australischen Seite saßen neben Vertretern der staatlichen Weizen-Behörde auch bedeutende Geschäftsleute. Ein Deutsch sprechender, freundlicher Herr kam in einer Pause auf mich zu. Er habe in den Unterlagen gelesen, dass ich in Leipzig geboren sei. Er käme auch aus Leipzig, sei sechs Jahre älter als ich und 1933 mit seinen Eltern ausgewandert. Seine Eltern hätten damals eine große Firma besessen, »Tuch-Heine« am

Mit Mr. Scully, Minister für Überseehandel, 1973

*1973: Verhandlungsort in Australien, vorm Ministerium
in Canberra ist die DDR-Fahne aufgezogen*

Hauptbahnhof in Leipzig, eine riesige Anlage, aber die
Furcht vor den Nazis sei größer gewesen.

Tage später lud er uns ein, um, wie er sagte, sein Säch-
sisch aufzufrischen. Das sollte ihm auch mit dem Vizepräsidenten unser Außenhandelsbank zu gelingen. Dr.
Werner Polze kam aus Altenburg in der Nähe von Leipzig. Heine kam auch auf seine gegenwärtige Tätigkeit zu
sprechen. Er besäße, erzählte er, in Australien und England Produktionsstätten für Einrichtungen der Getreide-
und Futterlagerung. Er könne uns bei den Verhandlungen mit der Regierung unterstützen. Das interessierte
uns natürlich.

Am Ende hatten wir die Zusage über die Lieferung von
800.000 Tonnen Weizen, eine Verpflichtung, Waren aus
der DDR zu liefern und die Aussicht auf ein Handelsab-

*Wiedersehn mit Mr. Heine, Sohn von »Tuch-Heine« aus
Leipzig, auf der Messe*

kommen, das die australische Regierung mit uns abzuschließen wünschte.

Wir luden Mr. Heine nach Leipzig zur Messe ein. Aus
dieser Verbindung entwickelte sich eine fruchtbare Zusammenarbeit mit unserer Landwirtschaft. Heine lieferte
moderne Hochsilos für die Rindermast- und Stallanlagen
in die DDR. Von England wurde eine Pilotanlage für die
industrielle Produktion von Mastrindern einschließlich
Hochsilos für die Stallanlagen importiert. Sie bildeten die
Grundlage für den Aufbau von zwei Kombinaten zur
industriellen Rindermast von 10.000 Tieren in Ferdi-
nandshof und Hohenwangelin sowie für den Bau von
Hochsilos zur Rindermast und für die 2.000er Milchvieh-
anlagen in der ganzen DDR. Die von uns weiterent-
wickelten Anlagen wurden später von uns auch exportiert.
Daraus entwickelte sich der Handel von speziellen Landmaschinen aus der DDR über die Firma Heine.

Eine Regierungsdelegation des Bundesstaates Victoria in Australien verhandelte im Juli 1974 in der DDR

Der australische Geschäftsmann folgte unserer Einladung und besuchte erstmals wieder seine alte Heimat. Er kam immer wieder.

Wir mussten noch lange Getreide in Australien kaufen, weil wir es brauchten. Das 1973 in Aussicht genommene Abkommen mit Australien wurde auf der Leipziger Frühjahrsmesse 1974 unterschrieben und im Februar 1977 in Berlin verlängert.

Italien

Italien verlor 1945 seine Stellung als Großmacht. Die nunmehrige Republik verzichtete 1950 auf seine umfangreichen Kolonien. Es war ein Industriestaat, in dessen Großbetrieben viel staatliches Kapital steckte. Über Holdinggesellschaften wie RAI (Schiffbau, Stahlindustrie etc.) und ENI (Energiewirtschaft, Erdöl, Strom) nahm Rom mit staatlichen Investitionen Einfluss auf die gesamte Wirtschaft. Seit Beginn der 90er Jahre zieht sich der Staat jedoch zunehmend zurück, es gibt auffällige Tendenzen zur Privatisierung.

Nach Gründung der DDR entwickelten sich sehr langsam Außenhandelsbeziehungen, wobei sich Italien strikt an die Vorgaben der Hallstein-Doktrin hielt. Anfang Mai 1957 verhandelte eine Delegation der Kammer für Außenhandel, unter Leitung seines Präsidenten, Dr. Gottfried Lessing, und dem stellvertretenden Direktor der Deutschen Handelsbank AG, Renneisen, ein Handelsabkommen mit Warenlisten und einem multilateralen Konto auf Lire-Basis aus. Das Abkommen wurde am 23. Mai 1957 unterzeichnet. Partner waren die Kammer für Außenhandel der DDR, das *Institutio Nazionale per il Commercio Estratto* (ICE).

Seit jener Zeit nahmen italienische Firmen in wachsendem Maße an den Leipziger Messen teil. 1964 besuchten italienische Abgeordnete die Leipziger Messe und berieten Maßnahmen zur weiteren Steigerung des Warenaustauschs mit dem Minister für Außenhandel der DDR, Julius Balkow.

Die Kammer für Außenhandel errichtete eine Vertretung in Rom. In der Zeit von 1960 bis 1970 verdreifachte sich der Warenaustausch von 105 Millionen Valuta-Mark im Jahre 1960 auf 339,5 Millionen im Jahre 1970. Die Hauptpositionen des Exports der DDR waren Werkzeug und Textilmaschinen, elektrotechnische und elektronische Waren, Erzeugnisse der organischen und anorganischen Chemie sowie Musikinstrumente. Die wichtigsten Exportpositionen Italiens in die DDR waren Produkte der Schwarzmetallurgie, Werkzeugmaschinen, elektrotechnische Erzeugnisse, Elemente der Grundchemie und Erzeugnisse der Textilindustrie.

Am 18. Januar 1973 anerkannte die Republik Italien die DDR als 65. Land. Noch im gleichen Jahr wurde ein staatliches Handelsabkommen geschlossen,

Gerhard Beil besucht in Begleitung von DDR-Botschafter Klaus Gysi die Messe in Mailand

eine Gemischte Regierungskommission gebildet, die jähr-lich über die Erfüllung der festgelegten Warenpositionen der Handelsabkommen beriet. An den Sitzungen dieses Gremiums nahmen Vertreter der italienischen Wirtschaft und der Generaldirektor der Außenhandelsbank der DDR sowie Vertreter anderer Banken teil.

Die zweite Sitzung der Gemischten Regierungsdelega-tion fand anlässlich einer großen Beteiligung der DDR an der Mailänder Messe statt. Wechselseitig wurde das bis in die 80er Jahre so durchgeführt. Der Staatssekretär für Außenhandel Italiens, Orlando, später Minister, leitete die Delegation Italiens.

1964 besuchte eine Gruppe italienischer Parlamentarier die Herbstmesse in Leipzig

Der italienische Ministerpräsident Bettino Craxi besuchte 1984 die DDR, wurde von Erich Honecker empfangen und führte auch Gespräche mit dem Vorsitzenden des Ministerrates, Willi Stoph.

Regelmäßige Messebeteiligungen, Durchführung von technischen Tagen führten zu einem schnellen Wachstum des Warenaustauschs von 618,6 Millionen Valuta-Mark im Jahr 1975 auf 1,002 Milliarden im Jahre 1980.

Italiens Ministerpräsident Bettino Craxi auf Staatsbesuch in der DDR, Juli 1984

1973: Unterzeichnung des ersten Handelsabkommens zwischen Italien und der DDR durch die Staatssekretäre Orlando und Beil

Größere Objekte wurden mit Beteiligung der italienischen Konzerne ENI in Schwedt und mit dem italienischen Konzern Danieli in Brandenburg realisiert. Stahllieferungen aus Italien liefen über die gemischte Gesellschaft Eumit.

Griechenland

Das NATO-Mitglied Griechenland war eines jener Länder, in die wir ohne den obligatorischen Travel-Pass reisen konnten. Unsere wichtigsten Exportpositionen nach Griechenland waren Werkzeugmaschinen, Fernsprech- und Telegrafievermittlungseinrichtungen sowie Telefone. Wir importierten aus Griechenland Süd- und Trockenfrüchte, Obstkonserven und Tabak.

Eine kleine Position – aber für die DDR und Griechenland eminent wichtige – war Zitronat, getrocknete Zitrone mit Schale, die in Zucker eingelegt wurde. Zitronat wurde hauptsächlich zur Herstellung von Weihnachtsstollen benötigt, die größten Verbraucher waren die DDR, die BRD und Österreich. In anderen Ländern hatte die Stolle keine große Bedeutung.

Griechenland war der Hauptproduzent von Zitronat. Anfang der 60er Jahre versuchte auch Zypern, mit Zitronat zu handeln, was natürlich bei den Griechen für Verunsicherung und Verärgerung sorgte.

Wir kauften das Zitronat, Tabak und andere landwirtschaftliche Erzeugnisse bei kleinen Betrieben, die sich in Genossenschaften zusammengeschlossen hatten, welche durchaus Einfluss auf die Regierung besaßen. Sie wollten uns als Kunden natürlich unbedingt behalten.

1964 nahm die DDR mit einem Kollektivstand der Kammer für Außenhandel an der Messe in Athen teil. Die griechischen Genossenschaften luden den Außenhandelsminister der DDR, Julius Balkow, dazu ein, ohne die Probleme zu übersehen, die damit verbunden waren, die dann aber prompt eintraten. Ohne Gesichtsverlust konnten sie die ausgesprochene Einladung nicht zurückziehen, wir hatten bereits die Zusage für den Besuch gegeben und Termine genannt. Wie die griechische Regierung das Problem mit ihren NATO-Partnern gelöst hat, wissen wir nicht genau. Minister Balkow und seine Delegation reisten jedenfalls ohne Travel-Pass ein, besuchten die Messe, führten Gespräche, und die Generaldirektoren der Außenhandelsbetriebe schlossen Verträge.

Der Absatz von Zitronat war für die griechischen Produzenten weiter gesichert.

Griechenland wurde schon bald für uns ein bedeutender Absatzmarkt von Braunkohlentagebaugeräten, Kraftwerken, Umspannstationen, U-Bahn-Einrichtun-

Abschluss eines Vertrages mit Griechenland, 1980

gen, Triebwagen, Personen- und Reisewagen, von Telefonämtern, Röntgengeräten, Land- und Werkzeugmaschinen.

Bei den Telefonanlagen befanden wir uns in unmittelbarer Konkurrenz zur Siemens AG in München.

Die vom westdeutschen Konzern angebotenen Anlagen waren nicht besser oder schlechter als unsere. Aber wir hatten in den Augen der Griechen einen wesentlichen Vorteil. Uns verband ein Finanzabkommen auf Clearing-Basis, d. h. alle Erlöse des Exports wurden für Importe aus Griechenland verwandt. Wir sagten der griechischen Seite, und zwar den Genossenschaften für landwirtschaftliche Produkte, zu, dass wir für einen Teil der Exporterlöse für die Telefonanlagen bei ihnen Waren kaufen würden. Einen solchen Deal konnte Siemens nicht bieten: Was hätten die mit Zitronat anfangen können. Andere Methoden, für die Siemens später berüchtigt werden sollte, führten damals auch nicht zum Erfolg, uns auszustechen.

Unser Marktanteil wuchs durch die qualifizierte Arbeit der Mitarbeiter der Außenhandelsbetriebe beträchtlich.

Der bayerische Ministerpräsident F. J. Strauß wandte sich 1974 an die griechische Regierung. Er forderte sie auf, im Interesse der Sicherheit Europas die bedeutenden Lieferungen von Erzeugnissen der Nachrichtentechnik aus der DDR zu reduzieren.

Im Jahre 1992 erhielt ich eine Vorladung nach Bonn. Im abhörsicheren Raum der Bonner Regierung sollte ich nach Unterschrift unter ein Papier, das mich zur absoluten Geheimhaltung verpflichtete, Rede und Antwort stehen. Man wollte Details zum damaligen DDR-Export von Telefonämtern nach Athen, zum Wettbewerb mit Siemens und über die von uns geführten Regierungsgespräche erfahren. Die Geheimhaltung ist inzwischen aufgehoben. Wer möchte, kann das damalige Verfahren (Az 24 AR 10/96) nachlesen.

Finnland

Die politischen und wirtschaftlichen Beziehungen zwischen der DDR und der Republik Finnland zeichneten sich dadurch aus, dass sie »normal« von Anfang an waren. Das erste Abkommen zwischen beiden Ländern wurde am 19. November 1955 geschlossen. Es erfüllte alle Kriterien eines staatliches Abkommen. Vereinbart wurde die Eröffnung einer Handelsvertretung mit allen diplomatischen Rechten. Sie leitete ein Gesandter, und für die Handelsaufgaben gab es einen Handelsrat. Ein gleiches Abkommen schloss Finnland auch mit der BRD. Helsinki lehnte konsequent die Hallstein-Doktrin ab und bestand auf Gleichbehandlung der beiden deutschen Staaten.

Der Warenaustausch zwischen den beiden Staaten entwickelte sich von 111,4 Millionen Valuta-Mark im Jahre

1960 auf 275,9 Millionen VM 1975 und erreichte 1980 ein Volumen von 639 Millionen. Zu dieser Steigerung trug die regelmäßige Teilnahme der finnischen Wirtschaft an den Leipziger Messen bei. Der Außenhandel der DDR war regelmäßig auf der Messe in Helsinki vertreten.

1966 besuchte Günter Mittag mit einer Delegation, der auch der Präsident der Außenhandelsbank der DDR angehörte, finnische Betriebe. Er führte Gespräche mit den Vorsitzenden großer Firmen wie Volmet, Kone und Finska Kabel und mit Vertretern einiger Ministerien zur Erweiterung der wirtschaftlichen Beziehungen.

Finnland nahm als einer der ersten kapitalistischen Staaten diplomatische Beziehungen zur DDR auf. Am 7. Januar 1973 wurden die Verträge unterzeichnet, unsere Gesandtschaft zur Botschaft erhoben und ein Botschafter akkreditiert. Im Oktober 1974 folgte der Vorsitzende des Staatsrates der DDR, Willi Stoph, einer Einladung des finnischen Staatspräsidenten zu einem Besuch. Während der Visite wurde ein neues Abkommen mit Finnland abgeschlossen. Die schnelle Entwicklung des Warenaustausches erforderte 1978 eine Anpassung, die in einem neuen Abkommen berücksichtigt wurde.

Zu Gesprächen in Finnland, September 1966

Walter Ulbricht an einem Stand Finnlands auf der Leipziger Frühjahrsmesse, 1967

Zur Vermittlung technischer Entwicklungen in der DDR wurden 1976 »Technische Tage der DDR in Finnland« durchgeführt, die auf reges Interesse stießen. Diese Form der Vermittlung von technischen Informationen an die Produktionsbetriebe trug zur besseren Kenntnis des Bedarfs bei und führte zu einer Erweiterung des Warenverkehrs. Der finnische Botschafter in der DDR begrüßte anlässlich des Messerundgangs der Staatsführung 1977 Erich Honecker auf der finnischen Ausstellung und bot an, solche Informationsausstellungen, wie die stattgefundenen technischen Tage, in Finnland regelmäßig durchzuführen. Das hätten ihm Vertreter der finnischen Wirtschaft übermittelt.

In den 1980er Jahren bauten finnische Anlagenbauer zwei Plattenwerke für die Bauindustrie in Berlin-Grünau und Vogelsdorf. Die großen Erfahrungen der Finnen bei dem Bau solcher Anlagen war die Grundlage der Ent-

Mit Staatssekretär Walroß, Juni 1974

scheidung für den Auftrag. In Beeskow wurde ein Span-
plattenwerk in hoher Qualität erbaut.

1984 wurde aus dem gleichen Grund ein neues, langfristiges Handelsabkommen abgeschlossen. Die Beziehungen zur finnischen Wirtschaft, zu den für die wirtschaftlichen Beziehungen zuständigen Regierungsstellen, waren
konfliktfrei und von gegenseitigem Vertrauen geprägt. Die
regelmäßige Durchführung von Sitzungen der gemischten
Regierungskommission förderte die notwendige Zusammenarbeit.

Im September 1985 besuchte der Ministerpräsident
der Republik Finnland die DDR. In den Verhandlungen
wurde ein Tourismus-Abkommen unterzeichnet. Der
Gast und seine Begleitung besuchten in Dresden die Semperoper, das Grüne Gewölbe und den Zwinger. Im VEB

Elektroprojekt und Anlagenbau führte der Ministerpräsident in Begleitung vom Minister für Elektrotechnik, Felix Meyer, Gespräche mit dem Generaldirektor und informierte sich über das technische Programm des Werkes.

Der neunte Präsident der Republik Finnland, Dr. Mauno Koivisto, er amtierte von 1982 bis 1994, erwiderte im Oktober 1987 den Besuch des Vorsitzenden des Staatsrates, Erich Honecker, in Finnland. Auch Präsident Koivisto besuchte Dresden, die Semperoper und in Berlin das Pergamonmuseum.

Schweden

Wie in fast jedem kapitalistischen Industrieland gab es auch in Schweden Persönlichkeiten, die aus mentalen, nationalen, politischen und/oder ökonomischen Gründen sich für normale Beziehungen zur DDR einsetzten.

Die Beziehungen zwischen Schweden und Deutschland hatte eine lange Tradition. Es gab zwar keine direkte Grenze, aber die Ostsee trennte nicht nur die beiden Länder, sie verband sie auch miteinander. Deutschland war für Schweden Transitland. Das galt im Besonderen für die DDR.

Ein großer Teil von Schwedens Warenverkehr mit Mittel- und Südeuropa lief über das Schienennetz und die Häfen der DDR. Die »Vogelfluglinie« zwischen Trelleborg und Rostock, die kürzeste Seeverbindung zwischen Schweden und dem europäischen Festland besaß für den Außenhandel Schwedens große Bedeutung.

Die Fährverbindung Trelleborg-Sassnitz war für den Personenverkehr wichtig. Sie wurde gemeinsam von der Deutschen Reichsbahn und der schwedischen Staatsbahn betrieben. Stockholm war darum immer bemüht, die Beziehungen zu Berlin frei von Spannungen zu halten.

Schweden war neutral und akzeptierte unsere Pässe. Es engagierte sich frühzeitig für Handelsbeziehungen auf der Grundlage von Vereinbarungen. Am 11. Dezember 1954 erfolgte der Abschluss eines Abkommens mit Warenlisten mit einer Laufzeit bis Dezember 1955. Die schwedische Regierung benannte für die Abwicklung die Aktiengesellschaft SUKAB. Die Deutsche Notenbank und die Skandinavska Bank verhandelten dazu in Stockholm.

Der Warenaustausch zwischen beiden Ländern war Mitte der 50er Jahre noch sehr niedrig. Ende der 50er Jahre errichteten wir eine Vertretung der Kammer für Außenhandel in Stockholm, später öffnete eine Verkehrsvertretung, die – in Abstimmung mit den schwedischen Behörden – vor allem für den Transitverkehr zuständig war. Das führte zu einer bedeutenden Zunahme des Warenverkehrs.

Seit Anfang der 60er Jahre beteiligte sich die DDR regelmäßig an der Internationalen Messe in Göteborg.

Auf der Göteborger Messe mit dem Präsidenten des Reichstages, Johannsen, und dem Landeshauptmann Nyström, 1965

Der Botschafter der BRD protestierte im schwedischen Außenamt wegen der »Ausstellung der Deutschen Demokratischen Republik auf der internationalen schwedischen Messe in Göteborg« und das Zeigen unserer Fahne. Der Regierungspräsident von Göteborg, Nyström, antwortete nach Stockholm, dass er die Teilnahme der DDR als Aufsichtsbehörde der Messen befürworte und die Bezeichnung für richtig halte.

Die Proteste wiederholten sich bei nachfolgenden Messen, doch wir blieben bei unserer Bezeichnung. Nyström besuchte offiziell auf jeder Messe unseren Stand. Mitunter begleiteten ihn dabei der Präsident des Schwedischen Reichstages, Johannson (1965), der Finanzminister und andere Persönlichkeiten. Nyström nahm auch eine Einladung zum Besuch der Leipziger Messe an.

Mit den Jahren stieg der Warenhandel mit Schweden von 184 Millionen VM auf 410 Millionen VM im Jahre

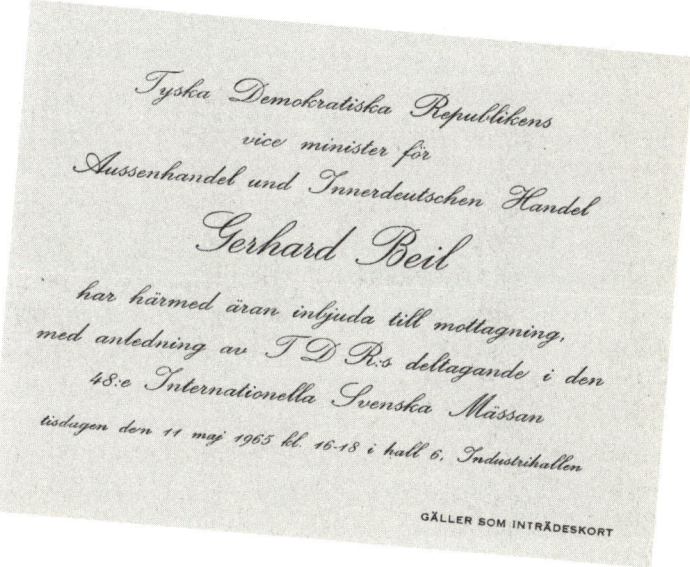

Einladung zur Messe in Göteborg, 1965

Technische Tage der DDR in Schweden, April 1977

1970. Fünf Jahre später wurden 980 Millionen und 1980 bereits 1.480 Millionen VM erreicht.

Große schwedische Firmen nahmen seit 1955 regelmäßig an Leipziger Messen teil. Sie wurden während der Rundgänge der Staatsführung besucht und schlossen Verträge ab.

Auf der Göteborger Messe wurden ebenfalls bedeutende Verträge abgeschlossen, so 1966 ein langfristiges Abkommen über die Lieferungen von Fisch an die DDR.

Die Verkehrsvertretungen in beiden Ländern unterstützten die fruchtbare Zusammenarbeit.

Die DDR-Industrie lieferte vor allem elektrotechnische Erzeugnisse, chemische Produkte, Werkzeug- und polygrafische Maschinen sowie Erzeugnisse der Leichtindustrie. Aus Schweden bezogen wir Eisenerze, Holz, Zellstoff, Papier, Walzstahl, Spezialbauleistungen, die Chloratanlage in Bitterfeld und, zusammen mit Japan, Bauleistungen. Schweden errichtete Hotelneubauten in Berlin und Dresden.

Die Beziehungen zur schwedischen Bauindustrie entwickelten sich zwischen 1968 und 1988 sehr gut. Der

SIAB-Baukonzern baute sowohl in der DDR als auch – in Zusammenarbeit mit dem DDR-Außenhandelsbetrieb Limex – in Drittländern. Um die beiderseits vorhandenen Erfahrungen besser zu nutzen, wurde eine Gemischte Gesellschaft von Limex und SIAB mit Sitz in Valetta auf Malta gegründet, die große Objekte in Berlin-West baute, beispielsweise einen Schlachthof und verschiedene Verwaltungsgebäude.

Die Nordic Company AB mit Sitz in Stockholm, eine weitere Gründung einer Handelsgesellschaft, übernahm die Generalvertretung für den Absatz von Landmaschinen der DDR in Dänemark, Norwegen und Schweden.

In den späten 60er Jahren schlug uns der Volvo-Konzern, der neben PKW und LKW auch Landmaschinen produzierte, eine Kooperation zu Entwicklung und Herstellung von Landmaschinen vor. Die Landmaschinen der DDR besaßen einen guten Ruf und wurden auch nach Schweden exportiert. Volvo lud 1967 den Sekretär des ZK der SED, Werner Jarowinsky, zu einem Besuch nach

Bei Volvo auf einem Versuchsgelände: ZK-Sekretär Werner Jarowinsky und Gerhard Beil, 1967

Schweden ein. Auch der Vorstand des schwedischen Kugellagerkonzern SKP war an einem Besuch eines führenden DDR-Politikers interessiert. Die Gespräche regten eine enge Zusammenarbeit mit beiden Konzernen an, die zu einem Zuwachs des Warenaustauschs führten.

Das Interesse der schwedischen Industrie an Wirtschaftsbeziehungen zur DDR nahm ständig zu. Das Fehlen von geeigneten Gremien zur Förderung des Handels machte sich immer stärker bemerkbar. Deshalb gründete die schwedische Seite 1969 ein Handelskomitee für die Beziehungen zur DDR. Als Vorsitzender des Komitees wurde der schwedische Industrielle Sjöholm eingesetzt, der in der schwedischen Industrie hohes Ansehen genoss und für die Entwicklung der Handelsbeziehungen wichtige Impulse gab.

Der wachsende Warenaustausch verlangte neue Methoden und Organisationen. 1971 eröffnete der Außenhandel der DDR in Göteborg ein Handelszentrum, das neben Stockholm die Verkaufstätigkeit und den Kundendienst für den südschwedischen Raum realisierte. Die gute Unterstützung, die wir in Göteborg durch den Regierungspräsidenten Nyström erfuhren, half uns sehr.

Der Abschluss des Grundlagenvertrages zwischen der DDR und der BRD im Dezember 1972 erlaubte Schweden endlich die Aufnahme diplomatischer Beziehungen zur DDR. Noch am Tage der Unterzeichnung des Grundlagenvertrages nahm Schweden mit der DDR diplomatische Beziehungen auf.

Schweden war – nächst Österreich – das erste kapitalistische Industrieland, das die Chance zur Normalisierung der Beziehungen nutzte. Die schwedische Regierung beauftragte das Wirtschaftsministerium, mit der DDR die erforderlichen Abkommen zu schließen. Die neuen Bedingungen und die staatlichen Handelsabkommen ließen den Warenaustausch spürbar wachsen. Und auf der anderen Seite: Die schwedischen Partner des Außenhandels der DDR trugen mit ihren zuverlässigen Lieferungen von Eisenerz, Holz, Zellstoff, Papier und Walzstahl zur Entwicklung unserer Volkswirtschaft merklich bei.

Großbritannien

Das Vereinigte Königreich war eine der drei Hauptmächte der Antihitlerkoalition und des Nordatlantikpaktes, der NATO. Diese Haltung bestimmte die politischen und wirtschaftlichen Beziehungen zur DDR. Hinzu kam die Tätigkeit im Alliierten Kontrollrat und die Mitverantwortung für das Allied Travel Office in Westberlin.

Erst Mitte der 50er Jahre kam die Kammer für Außenhandel mit dem britischen Industrieverband zu einer Vereinbarung über die wirtschaftlichen Beziehungen. In London legte man den Begriff »nichtstaatliche Beziehungen« sehr eng aus. Erst nachdem sich eine private »Kammer für Außenhandel Ltd.« konstituiert und diese im Handelsregister mit dem Zusatz *Non Profit Making Group* eingetragen war, durfte sie Kontakt zur Kammer für Außenhandel aufnehmen. Gesellschafter dieser britischen Kammer waren der Vizepräsident der DDR-Kammer für Außenhandel, Kurt Wolf, und Rudi Blankenburger, Leiter der Handelspolitik der Kammer für Außenhandel. Diese Gesellschaft eröffnete in London eine Vertretung unter dem eingetragenen Namen.

Nach dem Abschluss eines ersten Abkommens 1954 entwickelte sich der Warenaustausch zwischen beiden Ländern bis 1960 recht langsam. Im nächsten Jahrzehnt trat eine Verdopplung ein – von 263 Millionen VM 1960 stieg das Volumen bis 1970 auf 552 Millionen an. Zu dieser Steigerung trug die regelmäßige und umfangreiche Teilnahme britischer Unternehmen an den Leipziger Messen bei. Der Staatsratsvorsitzende besuchte in den 60er Jahren stets die Ausstellung des United Kingdom.

Wie in anderen Ländern auch forcierten in Großbritannien einflussreiche Persönlichkeiten diese Entwicklung. Zwei Mitglieder des britischen Parlaments, Mr. Micardo und Mrs. Short, engagierten sich noch vor der Aufnahme der diplomatischen Beziehungen für den Ausbau der Beziehungen zur DDR.

Außenhandelsminister Julius Balkow hatte bereits Anfang der 60er Jahre in Leipzig mit Micardo konferiert. Auch der *President of the Parliamentary All Party Eastern-West-Trade Committee*, Drayson, trat für die Interessen der DDR aktiv ein. Der größte Zeitungsverleger von Großbritannien, Lord Thompson of Fleeth, besuchte die Leipziger Messe und berichtete in seinen Zeitungen ausführlich über die DDR.

Der englische Importeur Sternberg, vor dem Zweiten Weltkrieg nach England emigriert, wurde ein guter Part-

Walter Ulbricht begrüßt den britischen Parlamentarier Micardo auf der Leipziger Frühjahrsmesse, 1965

Lord Thompson of Fleeth kam nach Leipzig und wollte Zeitungsverlage in der DDR kaufen. Links Horst Sölle, 1967

ner der DDR und Vorreiter guter Beziehungen, später war er einer der größten Kunden der DDR und Generalvertreter für Kali-Salze und Polstermöbel, die wichtige Positionen des Exports der DDR nach Großbritannien waren. Das englische Königshaus adelte ihn zunächst mit dem Titel »Sir«, später machte man ihn zum Lord Plurenden.

MP Mrs. Short und Mr. Drayson, Oktober 1969

Er fühlte sich offensichtlich in dieser Rolle wohl und war ein zuverlässiger Partner des Außenhandels der DDR, der mit seinem Rolls Royce und dem britischen Stander auf der Motorhaube bei jeder Messe für Aufsehen sorgte.

Die Steigerung des Warenaustausches in den 60er Jahren war die Folge des Kaufs von kompletten Anlagen. Seit Anfang 1960 erwarb die DDR folgende Anlagen:

- Hochdruckethylen, Leuna 24 kt, Volumen 29 Millionen Valuta-Mark, Simon Carves, 1961
- Omnidel Herbizid, Schwarzheide, 20 Millionen VM, 1964
- 14cis Polybutadien, Buna, 25 Millionen VM, Vickers Zimmer, 1964
- Kalkammonsalpeter Schwedt (mit ENSA), Humphrey and Glasgow, 100 Millionen VM, 1964
- Niederdruckpolyethylen, Buna, 20 kt, Sinclair Coppers, 1968

Michael Morgan, Direktor der britischen GKN-Contractors, und Dr. Waldemar Neubert, Generaldiektor des VE Außenhandelsbetriebes Industrieanlagen-Import, unterzeichnen einen Vertrag über Rekonstruktion und Erweiterung der Schmiede im IFA-Automobilwerk Ludwigsfelde, Frühjahrsmesse 1980

Meinungsaustausch zwischen dem britischen Parlamentarier Micardo, DDR-Außenhandelsminister Balkow und Beil in London, 1963

- Terephtalsäure Schwedt, 45 kt, 160 Millionen VM, Vickers Zimmer, 1969
- Polyesterfaser Premnitz, 2 okt, 75 Millionen VM, Vickers Zimmer, 1969
- Chlor IV, Bitterfeld, 80 Millionen VM, Catalytic, 1977
- Floatglasanlage Torgau, Pilkington Brth., 15 Millionen VM (vorrangig Lizenz, Ausrüstungen kamen aus Frankreich u. a.)
- Glühlampenlinien, NARVA, 2530 Millionen VM
- Großpresse für Ludwigsfelde
- Rauchgasentschwefelung Energiekombinat Berlin, Kraftwerk Rummelsburg, Davy McKee, 150 Millionen VM, 1986

Neben kompletten Anlagen bezog die DDR aus Großbritannien Maschinen und Ausrüstungen für die chemische Industrie, Erzeugnisse der organischen Grundchemie, chemisch-technische Erzeugnisse und Werkzeugmaschinen.

Die Hauptpositionen beim DDR-Export waren Erzeugnisse der Schwarzmetallurgie, optisch-mechanische Geräte, Möbel, Polsterwaren und Kali.

1969, noch vor der Aufnahme diplomatischer Beziehungen, besuchte eine DDR-Delegation London, um über ein neues Handelsabkommen zu beraten. Mit Unterstützung der Parlamentsabgeordneten Micardo und Short sowie Ratschlägen vom Botschafter der UdSSR und dem Präsidenten des Anlagenbaukonzerns Viekars-Zimmer gelang es, eine Ergänzung der Warenlisten zu erreichen.

Während des Besuchs in London besuchten wir auch das Grab von Karl Marx.

Die britische Seite ging nicht von ihrem Standpunkt zum Abkommen ab. Erst nachdem am 8. Februar 1973 Großbritannien und die DDR diplomatische Beziehungen vereinbart hatten, gab es auch dort Bewegung. Eine komplizierte Etappe ging zu Ende. Die Mitarbeiter der Kammer für Außenhandel hatten dennoch eine hervorragende Arbeit geleistet und konnten Erfolge vorweisen.

Im November 1974 fand die erste Sitzung der Gemischten Kommission Großbritannien-DDR in London statt. Um die Verhältnisse im United Kingdom besser einschätzen zu können, lud mich Micardo zum 73. Parteitag der Labor Party ein. Dieser fand vom 27. bis 30. November 1974 in der Central Hall in Westminster statt. Es war eine beeindruckende Veranstaltung. Zum besseren Verständnis der britischen Verhältnisse hat sie allerdings nur begrenzt beigetragen.

1974 besuchte Staatssekretär Deekins, zuständig für den Außenhandel, die Leipziger Herbstmesse und lud zu

Zu einer London-Visite gehörte selbstverständlich ein Besuch am Grabe von Karl Marx, Oktober 1969

einem Besuch nach London ein, um Vorbereitungsgespräche für ein neues Abkommen zu beginnen. Diese fanden im November statt.

In den Jahren 1970 bis 1980 stieg der Außenhandelsumsatz mit Großbritannien von 552 Millionen VM 1970 auf 1.757 Millionen 1980. Dazu trugen nicht zum Geringsten die Besuche der Leipziger Messe durch den britischen Handelsminister Paul Channon bei. Er unterzeichnete auf der Leipziger Frühjahrsmesse 1983 ein Abkommen, das bedeutende Vorteile für DDR-Lieferungen nach Großbritannien enthielt.

1984 lud die britische Regierung eine Delegation aus Berlin ein. Sie beriet mit Handelsminister Paul Channon und dem Präsidenten der *Confederation of British Industry*, Sir Campbell Fraser, Vorschläge zur Erhöhung des Warenaustauschs. Im Gespräch mit dem Minister für Auswärtige Angelegenheiten gelang es uns, für das nächste Abkommen den Geltungsbereich zu erweitern.

Staatssekretär Deekins mit modischer Pilzkopffrisur, 1974

1988 fanden Technische Tage der DDR in London statt. Der britische Handelsminister Alan Clark eröffnete diese Veranstaltung, die die britische Industrie direkt ansprach. Zum gleichen Zeitpunkt wurde von Minister Clark ein neues Handelsabkommen unterzeichnet.

Der Außenhandelsumsatz erreichte 2.752 Millionen VM im Jahr 1985.

Zu diesem bedeutenden Wachstum trugen auch die von der DDR eröffneten Kundenstützpunkte von Maschinenproduzenten bei. Hochqualifiziertes technisches Personal aus der DDR unterstützte die Kunden unserer Maschinen, es hielt umfangreiche Ersatzteillager vor und sicherte den Kunden- und Servicedienst vor Ort.

Mit dem größten Importeur von Möbeln aus der DDR wurde eine Gemischte Gesellschaft für die Produktion der Möbel gegründet. Damit erhielten wir zu jeder Zeit Informationen über Veränderungen am Markt und waren schnell in der Lage, darauf zu reagieren.

Vertragsabschluss in London mit Handelsminister Alan Clarke, Oktober 1988

Niederlande

Zu den Ländern, die unmittelbar nach der Unterzeichnung des Grundlagenvertrages mit der DDR die Aufnahme diplomatischer Beziehungen vereinbarten, gehörte auch das Königreich der Niederlande. Kurz nach Weihnachten 1972 wurde eine entsprechende Vereinbarung unterzeichnet. Die konstruktive Haltung der Regierung und des Königshauses der Niederlande unterschied sich von der ablehnenden Haltung, die in den frühen 50er Jahren vorherrschte. Damals wollte man keine Vereinbarungen über die wirtschaftlichen Beziehungen abschließen. Die Zurückhaltung der holländischen Seite war in den 60er Jahren sukzessive gewichen.

Große Industriebetriebe Hollands präsentieren sich seit vielen Jahren regelmäßig auf den Leipziger Messen. Die Tradition der Holländer, Überseehandel nicht nur mit ihren ehemaligen Kolonien, sondern mit vielen Ländern in Südostasien zu treiben, schlug sich auch in den Warenlisten unserer Bezüge aus oder über Holland nieder. Dort standen auch Därme, Häute, Felle und Gewürze. Unsere Hauptpositionen im Export waren Werkzeugmaschinen, elektrotechnische Erzeugnisse, Kali-Düngemittel, Haushaltsmaschinen, chemische Erzeugnisse, medizintechnische Erzeugnisse. Elektronik etc.

Der Handel zwischen beiden Ländern entwickelte sich schnell. Von 180 Millionen VM im Jahre 1960 stieg er auf 561 Millionen im Jahr 1970. 1980 wurden bereits 1,752 Milliarden VM erreicht und 2,854 Milliarden in 1988.

Der holländische Konzern Vereinigte Maschinen-Fabriken (VMF) war ein bedeutender Außenhandelspartner der DDR, die Firma Perja und deren Generaldirektor bemühte sich darum, dass der Handel keine Einbahnstraße wurde. Durch verstärkte Käufe in der DDR schufen sie Voraussetzungen zur Erhöhung unserer Importe.

Die Gepräche nach 1973 mit holländischen Regierungsmitgliedern, mit Wirtschaftsminister R. F. M. Lubbers, der später Ministerpräsident wurde, trugen nachhaltig zum Abschluss von Wirtschaftsabkommen bei.

Belgien

Die ersten belgischen Gesprächspartner, die uns Mitte der 50er Jahre gegenüber saßen, waren sehr zurückhaltend. Ihre bitteren Erfahrungen mit Deutschland in zwei Weltkriegen waren deutlich spürbar. Wir waren Deutsche, also verhielten sie sich reserviert.

Mit Prof. Henry Fast auf der Leipziger Herbstmesse, 1972

Nach der Errichtung einer Vertretung der Kammer für Außenhandel in Brüssel im Jahre 1954, nach Teilnahme der DDR an der Brüsseler Messe und der Beteiligung großer belgischer Firmen an den Leipziger Messen veränderte sich langsam die Einstellung gegenüber der DDR. Belgische Persönlichkeiten setzten sich nachhaltig für stärkere wirtschaftliche Beziehungen ein.

Einer der Pioniere auf diesem Gebiet war Frederik Dahlmann, gebürtiger Deutscher, nach 1933 Bürger von Belgien und nunmehr Beauftragter des Elektro-Konzerns ASEC. Regelmäßig besuchte er seit Anfang der 60er Jahre die Leipziger Messe.

Eine zweite Persönlichkeit, die uns bei der Errichtung wirtschaftlicher Beziehungen unterstützte, war Henry. Fast. Prof. Fast, ein liberaler Bürger Belgiens, gab bis 1939 in Brüssel eine liberale Zeitung heraus und verließ Belgien kurz vor der Besatzung durch die Deutsche Wehrmacht.

In Brüssel zum Gespräch bei Belgiens Ministerpräsident Wilfried Martens, Februar 1989

Beide, Fast und Dahlmann, wurden während des Zweiten Weltkrieges Berater von Tschou En-lai, der in den 1920er und 1930er Jahren einige Zeit in Frankreich und Belgien gelebt hatte. Nach Beendigung des zweiten Weltkrieges kehrten beide nach Europa zurück. Dahlmann beschäftigte sich mit wirtschaftlichen Aufgaben, und Fast wurde zum Generaldirektor der UNESCO berufen. Nach seiner UNESCO-Tätigkeit wurde er Berater des belgischen Außenministers und schließlich als Generaldirektor des *Syndicat Belge de Cooperation Economique* (Sybelco) eingesetzt.

Die beiden Herren, die hohe Wertschätzung in Belgien genossen, unterstützten im Interesse der belgischen Industrie unsere Absicht, die wirtschaftlichen Beziehungen zu entwickeln. Prof. Fast kam fast zu jeder Messe nach Leipzig. In seinem Gefolge war der Vertreter des belgischen Außenhandels *Office Belge du Commerce Extérieur* (OBCE), der im belgischen Kontrollrats-Büro in Westberlin tätig war. In vielen Beratungen mit den Führungskräften der Industrie Belgiens halfen sie, Vorbehalte abzubauen. In den 60er Jahren wuchs der Außenhandelsumsatz schnell, bis 1970 verdoppelte er sich.

Maschinen, elektrotechnische Erzeugnisse, chemische Erzeugnisse waren die Hauptpositionen im Export. Aus Belgien importierten wir schwarzmetallurgische Erzeugnisse, Erze, Transportmittel und Chemikalien. Ab 1965 führten wir über 6.000 Güterwagen ein.

Nach Aufnahme der diplomatischen Beziehungen mit Belgien am 27. Dezember 1972 fanden regelmäßig Sitzungen von Gemischten Kommissionen mit dem Handelsminister statt. Die DDR nahm an der Brüsseler Messe teil und veranstaltete Technische Tage der DDR, die unter der Schirmherrschaft des belgischen Außenministers standen. Premierminister Wilfried Martens besuchte die Leipziger Messe 1986 und Prinz Albert, der spätere König, besuchte 1989 mit einer Wirtschaftsdelegation die DDR.

1985 betrug der Außenhandelsumsatz mit Belgien bereits 2.400 Millionen Valuta-Mark. Dazu trug auch die

Seine Königliche Hoheit war Gast der Technischen Tage Belgiens in der DDR im Mai 1989

qualifizierte Ratgeberarbeit der beiden Herren bei, die im Interesse Belgiens die Beziehungen zur DDR unterstützten. Prof. Fast und Frederic Dahlmann bezogen auch kulturelle Begegnungen in ihre Arbeit ein. Ein international bekannter belgischer Künstler war nach 1933 öffentlich nicht mehr existent. Das Regime, das Künstler wie Barlach und Kollwitz mit einem Bannfluch bedachte, interessierte sich auch nicht für diesen flämischen Künstler.

In den 40er und 50er Jahren wurde Frans Masereel in Belgien wieder sehr gerühmt und hoch geschätzt. 1967 verlieh die Berliner Humboldt-Universität ihm die Ehrendoktorwürde, bereits ein Jahr zuvor hatte die Kunsthochschule Dresden Masereel den Titel eines Senators zugedacht. Das Kulturministerium der DDR zeigte eine Ausstellung mit Werken Masereels.

In Berlin mit dem weltberühmten Frans Masereel (1889-1972), September 1968

Die hohe Wertschätzung Masereels in der DDR wurde in Belgien aufmerksam registriert, in vielen Veröffentlichungen wurde für die Würdigung eines der bekanntesten belgischen Künstler gedankt.

Viele belgische Kulturschaffende hörten auf diese Weise zum ersten Mal etwas von der DDR und ihrer Haltung zur deutschen Vergangenheit.

Frankreich

In den ersten Jahren erfolgte der Handel mit Frankreich auf Kompensationsbasis. Die DIA-Kompensation übernahm diese Aufgabe bereits 1950: Eine französische Firma verkaufte etwas an uns und kaufte im Gegenwert Erzeugnisse aus der DDR. Das Niveau des Warenverkehrs war entsprechend niedrig, schnelle Veränderungen mit dieser engen Zweckbindung nicht möglich. Dieser Zustand war weder für Frankreich noch für die DDR zufriedenstellend.

Ende 1951 begannen zwischen der Deutschen Notenbank und der Banque de France erste Verhandlungen. Darin einbezogen waren Marokko und die französischen Überseegebiete. Zum Bankenabkommen wurden Warenlisten vereinbart, in denen Erzeugnisse aufgenommen wurden, die beide Seiten kaufen oder verkaufen wollten. Diese Listen wurden zwischen der neugegründeten Kammer für Außenhandel und dem *Service Commerciaux Francais en Allemagne*, dem französische Wirtschaftsdienst in Deutschland mit Sitz in Berlin-West, ausgehandelt. Am 4. Januar 1952 wurde das Bankenabkommen unterzeichnet. Vereinbart wurde außerdem die Eröffnung einer Vertretung der Kammer für Außenhandel in Paris.

Die Umsetzung dieser Vereinbarung erwies sich als sehr schwierig. Über ein Jahr dauerte es, ehe die französischen Behörden die Genehmigung dafür erteilten. Es durfte zwar eine Vertretung eröffnet, aber kein Büro eröffnet werden, die Mitarbeiter mussten in einem Hotel wohnen.

1955 konnte in der Avenue de Eylau endlich die Kammer für Außenhandel offiziell öffnen. Zur gleichen Zeit wurde das ständige Büro der Leipziger Messe in Paris eingerichtet. Die ersten Maßnahmen, den Handel zu erweitern, stießen bei den französischen Behörden auf wenig Resonanz. Der Krieg, den Hitlerdeutschland gegen Frankreich geführt hatte, war noch nicht vergessen.

Frankreich führte gemeinsam mit den USA und Großbritannien in Berlin das Allied Travel Office und wandte

Im Oktober 1962 führte die erste Delegation der Kammer für Außenhandel Gespräche in Frankreich. Vizepräsident Herbert Merkel (M.) leitete die Abordnung

die Richtlinien in den ersten 50er Jahren restriktiv an. Zudem war Frankreich Gründungsmitglied des CoCom, der Sitz dieses Instruments des Kalten Krieges befand sich in Paris. Es dauerte lange, ehe französischen Anträge über Warenlieferungen in die DDR entschieden wurden.

Das änderte sich sukzessiv und in dem Maße, wie das Interesse der französischen Wirtschaft an dem zweiten Deutschland zunahm. Mitte der 50er Jahre betrug das Handelsvolumen nicht mehr als rund 50 Millionen VM. Fünf Jahre später schon etwa 113 Millionen. Der Kreis der Beteiligten wuchs. Gleichzeitig wuchs aber auch die CoCom-Liste. Das rief französische Produzenten und Persönlichkeiten auf den Plan.

Auf der anderen Seite: Wir orientierten uns auf Frankreich, weil es eines der größten Industriestaaten Europas war und Siegermacht, was ihm auch politisches Gewicht verlieh. Zudem war erkennbar, dass Frankreich – obgleich Bündnispartner der BRD – auch eigenen politischen Intentionen folgte.

Pierre Sudreau unterstützte uns ohne Vorbehalte und mit Einsatz seiner gesamten Persönlichkeit. Er hatte in der Resistance gegen die Nazis gekämpft und das KZ Buchenwald überlebt. Sudreau war unter Präsident Charles de Gaulle von 1958 bis 1962 Minister für Konstruktion, trat aber aus Protest über die nukleare Aufrüstung Frankreichs zurück. Er genoss nicht nur deshalb außerordentliches Ansehen. Sudreau war Parlamentsabgeordneter, Vizepräsident der Kommission für ausländische Angelegenheiten der Nationalversammlung und Bürgermeister von Blois. Von 1973 an war er Vizepräsident des Verwaltungsrates des Zentrums für Außenhandel (CFCE), ein staatliches Amt, das für die wirtschaftlichen Außenbeziehungen Frankreichs zuständig war. Gleichzeitig war Pierre Sudreau auch Präsident der Vereinigung der französischen Schienen-, Lokomotiven und Waggonherstellungsbetriebe.

In Gesprächen in Paris, aber auch bei Besuchen der Leipziger Messe, trafen wir weitere Persönlichkeiten, die aus politischen und natürlich auch aus geschäftlichen Interessen mit uns zusammenarbeiten wollten. Präsident Pierre Detoeuf von der Firma Cifal in Paris etwa war bereit, uns im Wirtschafts- und Außenministerium bei der Überwindung von Beziehungsschwierigkeiten zu helfen.

Detoeuf, ebenfalls aus großbürgerlichen Verhältnissen stammend, kämpfte bis 1945 als Offizier gegen die faschistischen Besatzer, später absolvierte er die Universität École Polytechnique. Seine Firma, ein großes Ingenieurbüro, unterhielt stabile Beziehungen zu großen französischen Firmen.

Mit Detoeufs Unternehmen schlossen wir bei Erweiterung und Rekonstruktion unserer metallurgischen Industrie Importverträge mit der Bezeichnung *Cifal 1* und *2* über mehrere hundert Millionen Franc ab. Einer der Lieferanten war Creusot-Loire, der Krupp Frankreichs. Der Präsident von Creusot-Loire, Delpech, ebenfalls ein ehemaliger Widerstandskämpfer, sympathisierte mit uns. Desgleichen Jean-Baptiste Doumeng, Resistance-Kämpfer, der mit seiner Firma Interagra im internationalen Handel mit Agrarerzeugnissen eine bedeutende Rolle spielte und die DDR unterstützte.

In Gesprächen lernten wir eine bemerkenswerte Haltung einflussreicher Franzosen kennen. Sie waren nicht nur ausschließlich aus geschäftlichen Gründen bereit, mit der DDR zusammenzuarbeiten. Ihr Trauma, das Trauma vieler französischer Patrioten, waren die kriegerischen Auseinandersetzungen Frankreichs mit dem Deutschen Reich in den letzten hundert Jahren – die Kriege 1870/71, 1914-18, 1939-45. Der letzte Krieg hatte viele Opfer in Frankreich gekostet und bei dieser Generation tiefe Spuren hinterlassen. Diese Einstellung trug mit dazu bei, die Anmaßungen der Hallstein-Doktrin und auch die restrik-

Frühjahrsmesse 1969: Walter Ulbricht in der französischen Halle am Stand von Le Creusot-Loire

tiven Genehmigungsregelungen des Alliied Travel Office zu relativieren. Sie waren für uns dabei außerordentlich wichtige Partner.

Für einen Vertrag wie *Cifal 1+2*, der exakte Abläufe erforderte, umfangreiche Reiseaktivitäten notwendig machte und die DDR-Ingenieure bis zum Produktionsbeginn vor Ort zwang, war das umständliche Prozedere mit dem Alliierten Reiseamt hinderlich. Der politische Einfluss unserer Vertragspartner und ihre wirtschaftliche Größe verhinderten jedoch Störversuche.

Cifal war der erste Vertrag in dieser Größenordnung nicht nur mit Frankreich, der trotz Hallstein-Doktrin und Störungsversuche durch das Alliierte Reisebüro realisiert wurde. Damit konnten Ende der 50er, Anfang der 60er Jahre wesentliche Disproportionen in der metallurgischen Industrie der DDR überwunden werden. Es folgten weitere bedeutende Vereinbarungen.

Der Schwerpunkt unserer handelspolitischen Arbeit Ende der 50er Jahre bestand darin, Partner zu finden, die bereit waren, Handelsabkommen mit uns zu schließen.

Die französische Industrie beteiligte sich seit Mitte der 50er Jahre regelmäßig an der Leipziger Messe. Das gegenseitige Interesse war sehr groß. Der stellvertretende Vorsitzende des Ministerrates der DDR, Heiner Rau, informierte sich 1954 über das Angebot Frankreichs auf der Leipziger Frühjahrsmesse.

Seit 1954 nahm die DDR mit eigenen Ausstellungen an der Pariser Messe teil. 1962 besuchte der französische Ministerpräsident Georges Pompidou unsere Exposition.

Unsere Arbeit Anfang der 60er Jahre konzentrierte sich darauf, zu Handelsabkommen zu gelangen, die mehr Räume für die Entwicklung des Warenaustausches boten, die langfristig Lizenzen sicherten und die auf dem Prinzip der Meistbegünstigung fußten. Solche Abkommen mussten unbedingt Laufzeiten von mindestens zwei Jahren

Frankreichs Ministerpräsident Georges Pompidou in der Kollektivausstellung der DDR in Paris, 1962

LA REPUBLIQUE DU CENTRE
39, rue du Bourdon-Blanc
45 - ORLEANS
23 SEPT. 1971

Le secrétaire d'Etat aux relations économiques extérieures de la R.D.A. s'est fait présenter l'aérotrain

Accompagné par M. Georges Villiers, président d'honneur du C.N.P.F., le ministre allemand a glissé à 280 km-h au-dessus de la Beauce

Spritztour mit einer neuen Bahn, September 1971

haben. Gleichzeitig war eine vertragliche Absicherung der der Handelsvertretungen nötig. Dies konnten nur jeweils der Staat oder staatliche Stellen erledigen. Die Verhandlungskonzeption der DDR musste sehr flexibel sein.

Forderungen nach staatlichen oder Regierungsabkommen waren unrealistisch, aber Handelsabkommen mit staatlicher Garantie – in welcher Form auch immer – würden ein bedeutender Zwischenschritt darstellen. So

Mit Georges Villiers, Vorsitzender des Wirtschaftsausssschus-
ses Frankreich-DDR, links Cifal-Präsident Pierre Detoeuf,
auf der Leipziger Frühjahrsmesse, 1972

gingen wir in die Gespräche. Die Verhandlungen im
Herbst 1963 führte eine Delegation der Kammer für
Außenhandel mit dem stellvertretenden Kammer-Präsi-
denten Herbert Merkel und Vertreter des Ministeriums
für Außenhandel. Gesprächspartner war der *Conseil natio-*
nal du commerce extérieur (CNCE), eine Einrichtung am
Sitz des französischen Wirtschaftsministeriums, die jedoch
nicht direkt zum Wirtschaftsministerium gehört. Der Ver-
handlungsleiter der französischen Seite, ein hoher Beam-
ter im Wirtschaftsministerium, sprach für den CNCE.

Wir waren mit Pässen des Travel Board über Prag ange-
reist, weil es keine Direktverbindung gab. Die Verhandlungen begannen zügig, die Franzosen behandelten uns als
gleichberechtigte Partner. Schon bald konnten wir einige
Fortschritte auf dem Gebiet der Warenbereiche, Umfang
der Positionen und dergleichen erreichen. Das waren Fel-

Paris, Mai 1972: Valéry Giscard d'Estaing, Minister für Finanzen und Wirtschaft, nimmt an der Eröffnung einer Industrieausstellung der DDR teil

der, an denen unsere Handelspartner, die Konzerne und große Gesellschaften, stark interessiert waren und wofür sie Druck gemacht hatten.

Dann aber hakte es. Der französische Partner, mit dem wir jeden Morgen zusammenkamen, erklärte uns stets mit den gleichen Worten, dass es noch keine neue Antwort gäbe. Das war äußerst unbefriedigend, aber für uns auch lehrreich. Durch die Vorschaltung einer Organisation wie den CNCE konnte die französische Seite sich immer wieder auf die Ausrede zurückziehen, dass das Ministerium noch keine Entscheidung getroffen habe. Dort also saß der Bremser, aber den konnte man ja nicht attackieren – er saß ja nicht mit am Tisch.

Mit diesen Erfahrungen gründeten wir später ein Amt für Außenhandel. In dessen Statut waren die Aufgaben festgelegt, die sich von denen des Ministeriums für

Außenhandel unterschieden – obwohl doch das Amt dem Ministerium unterstand.

Die Verhandlungen stockten also. Wir trafen uns stets um die gleiche Zeit: noch keine Entscheidung. Wir berichteten jeden Tag nach Berlin. Dort ermutigte man uns zur Weiterverhandlung.

Wir hatten zwei Probleme – ein großes und ein nicht minder großes, aber völlig anders geartetes.

Das erste Problem: Die Travel-Pässe galten nur für eine einmalige Aus- und Einreise. Kehrten wir zurück, musste ein neues Papier beantragt werden. Das hätte die Verhandlungen um Wochen unterbrochen. Das Geld aber ging uns langsam aus. Wir reduzierten zunächst die Delegation und schickten eine Hälfte nach Hause.

Das zweite Problem hatte zunächst nicht solches Gewicht, wurde aber immer größer. Es war Mitte Dezember. Paris hatte einen uns fremden Lichterschmuck angelegt, es ging auf Weihnachten zu. Die französischen Beamten, von den Konzernen und großen Firmen häufig eingeladen und ab und zu auch mal beschenkt, mussten jeden Morgen 10 Uhr sich mit diesen Ostdeutschen treffen und ihnen mitteilen, sie hätten noch keine Antwort. Das ging auch ihnen zunehmend auf den Geist. In unserer verkleinerten Delegation war die Stimmung auch nicht die Beste. Den Familienvätern drückte alles aufs Gemüt.

Berlin entschied: Die Delegation bleibt. Alles andere könnte als Abbruch interpretiert werden. Wir vier blieben.

Nun lenkten die Franzosen ein. Vielleicht hatte unsere Ausdauer sie beeindruckt.

Wir kamen zu einem Abkommen mit mehrjähriger Laufzeit. Eine Handelsvertretung wurde gestattet, also eine Vertretung der Kammer für Außenhandel.

Und für das nächste Jahr vereinbarten wir neue Vorhaben zum Zahlungsverkehr.

Am 21. Dezember 1963 unterzeichneten wir. Die Franzosen luden uns zu einem Abendessen ein, was wir aus Höflichkeit nicht ablehnten.

Mit Unterstützung vieler Freunde konnten wir nach sechs Wochen Aufenthalt am 22. Dezember über Prag nach Berlin zurückfliegen. Mit im Gepäck: viele Erfahrungen, die für unsere Arbeit in und mit anderen Ländern von großem Nutzen sein würden.

Bonn wurde aktiv. Dort hatte man richtig erkannt, dass die schrittweise Normalisierung der Beziehungen DDR-Frankreich Auswirkungen auf andere NATO-Länder und deren Verhältnis zur DDR haben würde. Einen möglichen Dammbruch wollte die BRD unter allen Umständen verhindern. Doch in Paris liefen alle Interventionen ins Leere. Die souveräne Siegermacht ließ sich nicht unter Druck setzen. Unsere Rechnung war aufgegangen.

Im Dezember 1964 handelten wir ein neues Abkommen mit Frankreich aus. Das Volumen des Warenaustauschs war in den letzten Jahren bedeutend gestiegen, 1965 sollte es 245 Millionen VM erreichen. Das Abkommen wurde am 7. Januar 1965 im Ministerium für Außenhandel der DDR von Hans Bahr, dem Präsidenten der Kammer für Außenhandel, unterzeichnet. Der französische Partner war *Services Commerciaux Française en Allemagne*. Die Laufzeit betrug ein Jahr. Das Hamburger Nachrichtenmagazin *Der Spiegel* berichtete unter der Überschrift »Freunde in Frankreich« am 3. März 1965, dass »diese teils wirtschaftliche, teils politische Aufwertung des Ansehens der DDR in Frankreich [...] das Ergebnis fünfzehnjähriger Vorarbeit Ost-Berlins (ist). Sie begann unmittelbar nach Gründung der DDR im Herbst 1949.« Und an anderer Stelle hieß es: »Wie weit Frankreich auf dem Wege zur De-facto-Anerkennung des SED -Terrains tatsächlich schon ist, macht unter anderem die

Tatsache deutlich, dass Ost-Berlins Abgesandte die Vorge-
spräche zum neuen Handelsvertrag im vorigen Dezember
erstmals in Paris führen konnten. Sie brauchten nicht
mehr, wie bei früheren Verhandlungen üblich, in Frankreichs Godesberger Bonn-Botschaft zu antichambrieren.

Überdies bekam Ulbricht, gleichfalls zum ersten Male,
Gelegenheit, die Unterzeichnung des neuen Handelsver-
trags durch die DDR am 8. Januar in Ost-Berlin für Foto-
graphen und Fernsehkameras als Quasi-Staatsakt inszenie-
ren zu lassen. Als Vertragspartner vor protokollgerechter
Beraterkulisse figurierten zwischen Hammer-und-Zirkel-
Fahne und Trikolore der Präsident der DDR-Kammer für
Außenhandel, Generalkonsul Hans Bahr, und der französische Handelsrat Paquet. Der Franzose hinterher: ›Wir
sind sehr zufrieden.‹«

Die wachsende Beteiligung französischer Firmen an
der Leipziger Messe trug dazu bei, dass der Außenhandelsumsatz mit Frankreich ständig zunahm, nach 245 Millionen Valutamark 1965 stieg er bis 1970 auf 466 Millionen.

1969 wurde mit dem französischen Konzern Schneider-Creusot und einem Konsortium von Außenhandelsbetrieben der DDR eine Vereinbarung mit einer Laufzeit
von fünf Jahren abgeschlossen, die für die DDR vorteil-
hafte Festlegungen enthielt:

1. Schneider-Creusot verpflichtet sich, nicht nur die
Anlagen und Konstruktionen zu liefern, sondern auch
Verfahren, Lizenzen und Patente.

2. Schneider-Creusot verpflichtet sich, zu international
üblichen Krediten zu liefern. Bisher wurde die DDR entsprechend den Berner Unionsvereinbarungen behandelt
und bekam Kredite nur bis zu fünf Jahren gewährt.

3. Schneider-Creusot verpflichtet sich, diese Anlagen
in Kooperation mit DDR-Betrieben und Betrieben anderer Ostblock-Länder zu errichten, wenn das die DDR
wünscht.

Zum Gespräch bei Frankreichs Premier Raymond Barre in Paris, 6. Januar 1981

4. Die Finanzierung dieser Anlagen sowie der Patente und Lizenzen erfolgt

a) durch Zulieferung der DDR,

b) durch Zulieferungen anderer sozialistischer Länder an Schneider-Creusot und Bezahlung durch die DDR an die sozialistischen Länder,

c) durch Lieferungen von Maschinen und anderen Erzeugnissen durch die DDR und

d) durch Lieferungen von Stickstoff durch die DDR.

5. In einem gleichzeitig übermittelten Brief setzte sich der Generaldirektor von Schneider-Creusot dafür ein, dass zwischen Frankreich und der DDR ein langfristiger Handelsvertrag abgeschlossen wird.

6. Die von mir geforderte Genehmigung der französischen Behörden, auch kommende Regierungen zur Einhaltung dieser Vereinbarung zu verpflichten, wurde in meinem Beisein von Vertretern des französischen Wirt-

schafts- und Finanzministeriums mündlich erteilt und schriftlich nachgereicht.

7. Mit dieser Vereinbarung hatten wir eine verbindliche Zusage, die uns bei Verhandlungen mit der BRD und anderen kapitalistischen Industrieländern in die Lage versetzte, technische, ökonomische und handelspolitische Forderungen zu stellen.

Für etwa drei Milliarden Valutamark kaufte die DDR komplette Anlagen in Frankreich.

- Kalkammonsalpeter Schwedt, 140 kt, 100 Millionen VM, ENSA, 1964
- Reifenwerk Riesa
- Reifenwerk Fürstenwalde
- Silikone Nünchritz, 5 Millionen VM, Ugine, 1967
- Polyurethankomplex Schwarzheide, 400 Millionen VM, ENSA, 1968
- PKW-Reifen Cifal, 100 Millionen VM, 1968
- Propylenoxid Buna, 29 kt, 6 Millionen VM, Speichim

Im Juli 1973 unterzeichnen DDR-Außenhandelsminister Horst Sölle und sein Kollege Valéry Giscard d'Estaing das erste Regierungsabkommen Frankreich-DDR

- Gelenkwellenwerk Zwickau, 800 Millionen VM, Citroen
- Anlage zur Produktion kaltgewalzter Bleche, Eisenhüttenstadt, Arcelor Mittal, 1974
- Düngemittelwerk Rostock, 820 Millionen VM, Creusot Loire Enterprise, 1979
- Aluminiumfolienwalzgerüste Nachterstedt, Clesim
- Ferrosiliziumanlage Spremberg, 200 Millionen VM
- Kontidrahtstraße Brandenburg, Clesid
- Bauleistungen Methanolanlage Leuna, Unterauftrag von der VÖST, 150 Millionen VM, 1982
- Gasturbinenanlagen für verschiedene Standorte in der DDR, Alsthom, 150 Millionen VM
- Ausrüstungen für Floatglasanlage Serete, 60 Millionen VM
- Polyethylen Spezialtypen, Leune, 40 MillionenVM, Technip 1981
- Sauerstoffwerk für EKO, 200 Millionen VM, Air Liquide, 1982
- Erweiterung Mischerlinie Fürstenwalde, 20 Millionen VM, Cifal, 1983
- Folientechnikum Wolfen, 35 Millionen VM, Cellier, Frankreich, 1984
- Steinwolleanlagen Lausigk

Eine weitere Position waren Waggons. Mit Beginn des Jahres 1967 bis in die 80er Jahre kaufte die DDR über 27.000 Güterwaggons in Frankreich. Bedarfsträger waren die Deutsche Reichsbahn und die Braunkohlenkombinate für den Getreidetransport und Kesselwagen.

Durch den zunehmenden Abbau von Braunkohle wuchs der Bedarf an Transportmitteln stark an. Die Zunahme des Außenhandels mit der Sowjetunion und den sozialistischen Ländern verlängerte die Transportwege und damit Umlaufzeiten, das erforderte eine Vergrößerung des Fuhrparks. 1970 wurden 10.000 Waggons, 1975 weitere 6.000 und 1978 noch einmal 9.000 Eisenbahn-waggons gekauft. Die Gesamtsumme dieser Verträge betrug etwa 5 Milliarden Franc.

Diese bedeutende Zunahme der Importe aus Frankreich machte eine Erhöhung der Exporte zwingend. Die Firma *Cifal* war gemeinsam mit dem französischen Anlagenlieferanten bemüht, Lösungen für weitere Einkäufe der DDR in Frankreich zu finden.

In Zusammenarbeit mit Creusot-Loire, die ehemalige größte Waffenschmiede Frankreichs und anderen Anlagenbauern, einschließlich Citroen, wurden beim Abschluss der Kaufverträge auch Verpflichtungen über den verbindlichen Kauf von Erzeugnissen der DDR unterschrieben. Vor allem Maschinen aus der DDR waren dabei gefragt. Allein 1980 exportierten wir nach Frankreich für 10 Millionen VM kälteumformende Werkzeugmaschinen.

Hauptpositionen im Export waren Werkzeugmaschinen, polygrafische Maschinen, Walzlager, Hebezeuge, elektrische Ausrüstungen, chemische Erzeugnisse, Maschinen für die Textilindustrie, Armaturen und Erzeugnisse der Leichtindustrie.

Allein zwischen 1960 und 1970 verzehnfachte sich der Absatz von Maschinen. Das war ein sehr gutes Ergebnis, es zeigte das Niveau und die Qualität der Erzeugnisse und machte die Leistungsfähigkeit der Absatzorgane der DDR-Maschinenindustrie in Frankreich deutlich.

Die gewaltige Steigerung des Verkaufs brachte der DDR allerdings auch große Probleme. Im Gegensatz zum Export von Chemikalien oder Erzeugnissen der Konsumgüterindustrie, wo mit der Übergabe der Ware, nach Prüfung der Qualität und der Bezahlung das Geschäft abgeschlossen war, verlangte jeder Käufer von Maschinen in der Regel einen Kundendienst von fünf bis zehn Jahren, sofortige Reparaturleistung im Notfall und schnelle

Ersatzteillieferung. Die Travel-Pass-Regelung erschwerte diesen selbstverständlichen Service. Die Ausreise der Techniker konnte erst nach Genehmigung durch das Office in Berlin-West erfolgen. Deshalb mussten wir eigene Kundendienststützpunkte vor Ort einrichten. Die französischen Behörden gestatteten einen längerfristigen Aufenthalt von Technikern und Ingenieuren. Für diese technische Aufgabe wurde in Paris eine Kundendienstzentrale eingerichtet.

Günter Mittag, der als Leiter einer Wirtschaftsdelegation 1971 die Ausstellung der DDR auf der internationalen Messe in Paris besuchte, übergab die Büros der Außenhandelsbetriebe und des Kommunikationszentrums der DDR in Paris.

Am 5. Juni 1970 eröffnete Frankreich in Berlin ein Büro der französischen Industrie. Daran nahm eine Delegation von 100 Generaldirektoren, Präsidenten und leitenden Vertretern von Großbetrieben teil. Der Vorsitzende des Ministerrats der DDR, Willi Stoph, und Günter Mittag waren ebenfalls zugegen.

Bei der Steigerung des Exports erhielten wir Unterstützung von einer Seite, von der wir sie nicht erwartet hatten. Der sogenannte *Cordon rouge*, der rote Gürtel um Paris – das waren Städte und Gemeinden, die von kommunistischen und sozialistischen Bürgermeistern regiert wurden – reichten an ihre Schulen und Bildungseinrichtungen Hilfsmittel aus. Die DDR erhielt von dort Aufträge zur Ausstattung von Turnhallen und zur Lieferung von Schulranzen. Jahrelang lieferte die DDR eine große Zahl von Turnhallen-Einrichtungen und in jedem Jahr zehntausende Ranzen. Bei diesen enormen Stückzahlen konnten die Preise niedrig gehalten werden, zudem wurde eine Handelsstufe eingespart, weil die Gemeinden kauften und gaben die Ranzen ohne Gewinne ab, in vielen Fällen sogar gratis.

Das waren keine große Positionen in der Handelsstatistik der DDR, aber das trug in hohem Maße zur Sympathiewerbung für die DDR und die FKP bei.

Als sich Ende der 60er Jahre in der internationalen Politik die Entspannungstendenzen abzeichneten, verbesserten sich auch die Beziehungen zu Frankreich. Obgleich Paris noch nicht bereit war, die DDR anzuerkennen, schlug man vor, einen ständigen Wirtschaftsausschuss Frankreich-DDR bzw. DDR-Frankreich zu gründen.

Als Vorsitzender der französischen Seite wurde Georges Villiers genannt. Villiers war von 1946 bis 1966 Vorsitzender des *Centre National du Patronat Français* (CNPF). Das war der Industriellenverband Frankreichs, eine einflussreiche Organisation, die eng mit der Regierung, vor allem mit dem Wirtschafts- und Finanzministerium zusammenarbeitete. Villiers kämpfte in der französischen Widerstandsbewegung und überlebte das KZ Dachau. Seit 1966 war er Ehrenpräsident des CNPF und Berater des französischen Wirtschaftsministeriums.

Mitglieder des französischen Wirtschaftsausschusses sollten die großen Industriebetriebe Frankreichs sein, die sich durch ihre Generaldirektoren oder Präsidenten vertreten ließen. Dem Ausschuss gehörten an: Athochem, Alsthom, Arbel, Jerimont Schneider, Citroen, Renault, Creusot-Loire, CIT Alcatel, Rhône-Poulenc, Interagra, Sorice, Soprochin, Thomson, Pechiney, Spie Batignolles , Celliers und L'Air Liquide sowie die Banken Societe Generale, Credit Lyonnaise und Banque Français du Commerce Exterieur (BFCE).

Die DDR-Seite wurde vertreten von den Generaldirektoren der Leuna-Werke, Erich Müller, des Kali-Kombinats, Heinricht Taubert, des Außenhandelsbetriebs WMW Export, Jost Prescher, des Industrieanlagen Import, Herbert Roloff, Chemie, Kurt Falkenberg, Elektrotechnik, Roland Winkler, Maschinen Export, Nahrung,

Manfred Wolf, Kali-Bergbau, Carl Zeiss Jena, Transinter, Helmut Schindler und des Präsidenten der Deutschen Außenhandelsbank, Dr. Werner Polze.

Im Januar 1970 beriet eine Delegation der DDR mit Georges Villiers die künftige Arbeit der Ausschüsse. Ein Arbeitsprogramm legte die nächsten Schritte fest, darunter Messebeteiligungen und die Durchführung technischer Tage in Frankreich und der DDR. Eine der ersten Aktivitäten war die Reise einer Wirtschaftsdelegation unter Leitung von Mittag nach Frankreich 1971.

Günter Mittag erhielt eine Einladung des staatlichen Außenhandelskomitees zum Besuch der Pariser Messe und großer französischer Betriebe, die bereits umfangreiche Exporte in die DDR getätigt hatten. Begrüßt wurde die Delegation von Monsieur Rouselier, dem Präsidenten des staatlichen Außenhandelskomitees, dem Präsidenten von ENSA, Meyer, und Direktoren von Schneider-Creusot.

Besuch des Schneider-Konzerns in Le Creusot, Fertigung von Atomreaktoren, 1971

In Paris wurde die DDR-Ausstellung auf der Internationalen Messe besucht. An den anschließenden Gesprächen nahmen der Präsident von ENSA, der Vizepräsident von Renault und die Leiter des Verbandes der Waggonhersteller teil. Die französische Waggon-Industrie, die seit 1967 Eisenbahnwagen an die DDR lieferte und umfangreich Werkzeugmaschinen in der DDR kaufte, bat Mittag in die größte Waggonfabrik Frankreichs, zur Arbel AG und France-Belge. Die französischen Gastgeber, zu denen erstmals Georges Villiers, der Vorsitzende des Wirtschaftsausschusses Frankreich-DDR, gehörte, hatten ein umfangreiches Programm vorbereitet.

Zunächst zeigte man uns die Erdöl-Raffinerie von ELF Europa. Der Schneiderkonzern in Le Creusot hatte sich ebenfalls gut vorbereitet. Der Generaldirektor, Monsieur Delpech, zeigte den Gästen aus der DDR Fertigungsstätten für Atomreaktoren und Kraftwerke.

Der Vorsitzende des Wirtschaftsausschusses gab zum Abschluss des Besuchs einen Empfang, an dem führende Vertreter der Unternehmen teilnahmen, die dem Ausschuss angehörten.

Auf der Frühjahrsmesse 1971 schließlich fand die erste gemeinsame Sitzung der Wirtschaftsausschüsse Frankreich-DDR und DDR-Frankreich in Leipzig statt. Es wurde vereinbart, dass die beteiligten Unternehmen regelmäßig Informationen zur Erweiterung der Handelsbeziehungen austauschen sollten.

Im Mai 1972 nahm die DDR mit einer Industrieausstellung an der Pariser Messe teil. Der Minister für Außenhandel, Horst Sölle, eröffnete die Exposition und führte den französischen Wirtschaftsminister und späteren Staatspräsident Giscard d'Estaing durch die Halle der DDR.

Unmittelbar nach Aufnahme der diplomatischen Beziehungen mit Frankreich wurde am 9. Februar 1973 das erste staatliche Handelsabkommen mit Frankreich abgeschlossen. Eine neue Etappe in den Beziehungen begann. Die DDR hatte den stellvertretenden Außenminister, Dr. Ernst Scholz, als ersten Botschafter der DDR nach Paris entsandt. Das wurde für alle Welt sichtbar in der Ansprache des Präsidenten der Republik Frankreich, Georges Pompidou, anlässlich der Überreichung des Beglaubigungsschreibens. Der Präsident erklärte: »Als Ihre Regierung Sie benannt hat, hat sie eine Wahl getroffen, die uns tief berührt. Es ehrt uns, dass Sie einst Frankreich als Heimstatt erwählten. Wir kennen die Verbundenheit, die Sie der Sache unseres Vaterlandes in besonders dunklen Stunden bekundet haben sowie den Mut, den Sie an der Seite der französischen Widerstandskämpfer zeigten.«

Der heutige Akt sei ein Symbol für die Entwicklung der Entspannung in Europa, sagte Pompidou. Er bekundete den Wunsch nach einer günstigen Entwicklung der kulturellen und wirtschaftlichen Beziehungen zwischen den beiden Ländern. »Frankreich wird, wie es der Besuch des Ministers für Industrie, Handel und Handwerk auf der Leipziger Messe gezeigt hat, keine Bemühungen scheuen, um seine Beziehungen mit einem Land zu verbessern, dessen bemerkenswerten industriellen Aufschwung er schätzt.«

Von beiden Seiten Frankreich und der DDR, bestand der Wunsch, die sich aus der gegenseitigen Anerkennung ergebenden Möglichkeiten schnell zu nutzen. Noch 1973 wurde eine Gemischte Regierungskommission Frankreich-DDR gebildet. Dabei wurde sorgfältig darauf geachtet, die Arbeit der Wirtschaftskommission unter Leitung von Villiers auf keinen Fall zu reduzieren, sondern noch auszubauen.

Honecker begrüßte auf der Leipziger Frühjahrsmesse 1973, nunmehr nach der diplomatischen Anerkennung, den französischen Vorsitzenden des Wirtschaftsausschusses am Stand von Secoma. Die einmalige Möglichkeit, mit den führenden Leitern der großen französischen Firmen direkt zusammenzuarbeiten, musste genutzt werden. Noch im Juni 1973 veranstaltete Frankreich die ersten Technischen Tage Frankreichs in Berlin. Sie stellten die wichtigsten Exportzweige und neue technische Entwicklungen Ingenieuren und Technikern der DDR vor.

Viele neue Ansatzpunkte ergaben neue Formen der Zusammenarbeit und schlugen sich in den kommenden Jahren in den Zahlen der Außenhandels-Statistik Frankreich-DDR nieder.

Im Juli 1973 wurde das erste Regierungsabkommen über die wirtschaftliche Zusammenarbeit mit Frankreich in Paris durch Außenhandelsminister Horst Sölle und Giscard d'Estaing im Louvre unterzeichnet.

Der Warenaustausch mit Frankreich betrug Mitte der 70er Jahre 1.140 Millionen VM.

Unterzeichnung eines Wirtschaftsabkommens Frankreich-DDR, das bis 1990 reichte. Für Frankreich zeichnet Ministerin Edith Cresson, für die DDR Staatssekretär Gerhard Beil, 1984

Im Export der DDR wuchs der Anteil von Werkzeugmaschinen, polygrafischen Maschinen, Maschinen für die
Datenverarbeitung und optischer Geräte schnell an und
vervielfachte sich seit 1970. Damit waren Voraussetzungen vorhanden, den Import aus Frankreich zu erhöhen. In
den 70er Jahren nahmen die Aktivitäten auf beiden Seiten
spürbar zu.

Frankreich nahm regelmäßig mit großen Ausstellungen an der Leipziger Messe teil. Die DDR stellte ihre
neuen Erzeugnisse in Paris und Lyon aus. Die französischen Handelsminister Norbert Secard, J. F. Deniau,
Michel Jobert, Edith Cresson, Michel Noir und Jean-
Marie Rausch und Rossi besuchten in ihren Amtszeiten
die Leipziger Messe. Der Wirtschaftsrat Frankreich-DDR
und DDR-Frankreich tagte zur Messe in Leipzig.

Im Februar 1976 eröffnete die Bank *Societe Generale
Paris* in Anwesenheit ihres Präsidenten ein Büro in Berlin.

Es gab regelmäßig Gespräche mit den französischen
Premierministern Raymond Barre und Pierre Mauroy.

Mit dem Präsidenten der französischen Außenhandelsbank, H. Freyche, wurde im September 1979 in Anwesenheit des französischen Außenhandelsministers Deniau ein
Kreditabkommen über zwölf Milliarden Franc geschlossen, das Voraussetzungen schaffte für den Ausbau des
Warenaustauschs und erster Vereinbarungen über Koope-
rationen.

Im Louvre in Paris fanden unter starker Teilnahme der
Industrie Frankreichs »Technische Tage der DDR« statt.
Am 1. Juli 1980 wurde mit dem französischen Handelsminister ein neues langfristiges Handelsabkommen für
den Zeitraum 1980-1985 unterschrieben und die Verhandlungen über Abkommen für den Zeitraum 1985-
1990 eröffnet.

Frankreich reichte das mit der DDR paraphierte Programm über die Entwicklung der ökonomischen Bezie-

Bei Premier Laurent Fabius, 1985

hungen entsprechend den Regelungen an die Europäische
Gemeinschaft ein. Die EG erhob offiziell Einspruch und
erklärte, dass der Zielstellung nicht zugestimmt werden
könne, weil solche Entscheidungen gegenüber Ostblock-
staaten ausschließlich in die Hoheit der EG und nicht einzelne Länder falle.

Paris setzte sich über den Einspruch hinweg und ließ
das Abkommen signieren. Auf der Leipziger Herbstmesse
1984 wurde das Programm von den Ministern für Außenhandel, Edith Cresson und Gerhard Beil, unterschrieben.

Der Handelsrat der DDR in Frankreich teilte im
August 1985 mit, dass die französische Regierung das mit
der DDR paraphierte Programm über die Entwicklung
der ökonomischen Beziehungen im Zeitraum 1985 bis
1990 entsprechend den bestehenden Regelungen an die
Europäische Gemeinschaft eingereicht habe.

Am 20. Dezember 1989 besuchte der Präsident der Republik Frankreich, Francois Mitterrand, die Deutsche Demokratische Republik. Er wurde begleitet vom Minister für Auswärtige Angelegenheiten Roland Dumas, von den Ministern des Inneren, für Industrie und Raumordnung, für Kultur, für Außenhandel sowie dem Staatssekretär für kulturelle Auslandsbeziehungen und dem Vorsitzenden der Freundschaftsgruppe Frankreich-DDR in der Nationalversammlung.

Mitterrand schrieb darüber in seinen Erinnerungen: »Modrow und Gysi und die neue Führungsgruppe navi-

Eröffnung der Technischen Tage in Frankreich, November 1989

gierten hart am Wind, hatten dabei aber nicht die Absicht, die DDR-Identität aufzugeben. Ich wusste, dass sie von meinem Besuch eine feierliche Unterstützung des Status der DDR als eines souveränen und unabhängigen Staates erhofften. Edith Cresson hatte mir diese Erwartung in einer Notiz bestätigt, in der folgende Äußerung Gerhard Beils, des Außenhandelsministers der DDR, wiedergegeben wurde: ›Ich bitte Sie, möge Ihr Präsident am 22. Dezember so verhandeln, agieren, sich äußern, Verträge schließen, dass deutlich wird, dass er dabei mit der souveränen Deutschen Demokratischen Republik verhandelt, agiert, sich äußert, Verträge schließt. Die gesamte Deutsche Demokratische Republik, einschließlich unserer Opposition, erwartet von Ihrem Präsidenten diese Bekundung unserer Souveränität.‹

Ich konnte den Wahrheitsgehalt dieser Behauptung bestätigen: Die organisierte Opposition (Neues Forum, Demokratischer Aufbruch und SPD) gingen in diesem Punkt mit der Regierung konform, im Gegensatz zur Mehrheit der Bevölkerung.«

Auf Vorschlag der französischen Seite wurde ein Regierungsprogramm über die wirtschaftliche, industrielle und technische Zusammenarbeit für den Zeitraum 1990-1994 vom französischen Außenhandelsminister Jean-Marie Rausch und von mir unterzeichnet.

17 Jahre nach der diplomatischen Anerkennung der DDR durch Frankreich war uns bewusst, dass die DDR Frankreich allein durch ihre Existenz unterstützte, indem sie Kräfte der BRD band. Das sahen vermutlich damals auch die Franzosen so, weshalb man in Paris länger als andere für die deutsche Zweistaatlichkeit war.

Auch nach der Aufnahme diplomatischer Beziehungen zwischen Frankreich und der DDR hatte die BRD-Regierung in diese Beziehungen störend einzugreifen versucht. Der Botschafter der DDR in Frankreich, Dr. Werner

Fleck, wurde nach Beendigung seiner Tätigkeit in Paris 1984 von Staatspräsident Mitterrand persönlich verabschiedet. Am Tag danach protestierte der BRD-Botschafter im französischen Außenministerium gegen diesen Höflichkeitsakt, der nichts anderes als die Hochachtung gegenüber unserem Botschafter und der DDR zum Ausdruck gebracht hatte.

In seinem 1996 erschienenen Buch »Über Deutschland« hat Francois Mitterrand seine Reise vom 20. bis 22. Dezember 1989 in die DDR als einen seit langer Zeit geplanten Besuch dargestellt. Es wird verschwiegen, dass der Präsident begleitet wurde von vielen Ministern und Vertretern der Regierung. Der Abschluss eines Regierungsprogramms über wirtschaftliche und industrielle Zusammenarbeit in den Jahren 1990-1994, das damals auf Vorschlag der französischen Seite unterzeichnet wurde, wird ebenfalls weggelassen. Betont wird hingegen, dass erst sechs Jahre nach der Aufnahme diplomatischer Beziehungen zwischen Frankreich und der DDR, jetzt wieder Ostdeutschland, ein französisches Regierungsmitglied nach Ostberlin gereist sei.

Das stimmt nicht: Handelsminister Rossi war schon 1977 in Leipzig. Und: Insgesamt besuchten sechs französische Außenhandelsminister die DDR.

Lag es an der deutschen Übersetzung? Ich kann mir nicht vorstellen, dass Mitterrand auf diese Weise die sehr ignorante, sehr tendenziöse westdeutsche Lesart der Geschichte zu seiner eigenen gemacht hat.

Die unheilvolle deutsch-japanische Achse, welche bis 1945 existierte, begann schon bald wieder zu funktionieren. Da wie dort waren die bestehenden kapitalistischen Verhältnisse wieder restauriert worden, das alte Wertesystem fand unter veränderten Rahmenbedingungen Fortsetzung. Bonn und Tokyo stellten 1952 volle diplomatische Beziehungen her.

Die BRD war aus mindestens zwei Gründen an dieser Verbindung stark interessiert: Sie brauchte Japan als Partner bei der Erschließung asiatischer Märkte und als Bremsklotz in dieser Region gegen eine mögliche Anerkennung der DDR.

Japan folgte diesen Intentionen vollständig. Ministerpräsident Yoshida erklärte bei einem Besuch der Bundesrepublik 1954, beide Staaten seien »Grenzposten der freien Welt«. Japan unterstützte uneingeschränkt den Alleinvertretungsanspruch der BRD.

Dennoch schließt die japanischen Exportfirma Nichiman Yusokoto im gleichen Jahr einen Liefervertrag mit der DDR. Die Kammer für Außenhandel unternimmt im Jahr darauf Sondierungsgespräche in Tokyo über ein Handelsabkommen mit Warenlisten, doch diese werden ohne Ergebnis beendet. Japan verweigert sich.

Danach passierte nicht viel. 1968 besuchte Dr. Masao Anzai, Präsident des Chemiekonzerns Showa Denko, erstmals die Frühjahrsmesse in Leipzig. Dort präsentierten sich auch einige große japanische Firmen. Anzai gehört zum Nippon Keidanren, dem Führungsorgan der japanischen Monopole. Das hat etwa 1.000 Mitglieder, darunter die Präsidenten und Generaldirektoren der 850 größten Unternehmen und Banken. Der Präsident des Keidanren berät den Ministerpräsidenten. In der japanischen Öffentlichkeit wurde kein Geheimnis daraus gemacht, welche

Dr. Masao Anzai, Vorsitzender des Wirtschaftsausschusses Japan-DDR, auf der Leipziger Frühjahrsmesse, 1971. Anzai war die Schlüsselfigur in den Handelsbeziehungen beider Staaten, er überwand die Blockadehaltung

Wechselbeziehungen zwischen Staat und Wirtschaft bestehen.

Anzai legte in einem sehr konstruktiven Gespräch seine Sicht auf die unterentwickelten Beziehungen Japans zur DDR dar. Die japanische Wirtschaft sei unzufrieden über den Zustand und suche nach Möglichkeiten, ihn zu verbessern, erklärte der namhafte und einflussreiche Unternehmer. Er sei gebeten worden, mit uns nach Lösungen zu suchen. Wir nannten ihm unsere Vorstellungen: Herstellung gleichberechtigter staatlicher Beziehungen, Abschluss von Handelsabkommen, Errichtung von Vertretungen in beiden Hauptstädten. Anzai stimmte zu, schränkte aber ein, dass das Ziel sei, was nicht sofort zu erreichen ist. Er schlug Zwischenschritte vor, die von Organisationen der Wirtschaft getragen werden.

Zum Jahresende 1968 entstand auf Initiative Anzais im Rahmen der bereits bestehenden »Vereinigung Japans mit den sozialistischen Ländern« ein »Komitee für den Handel mit der DDR«. In der DDR-Kammer für Außenhandel wurde daraufhin ein »Komitee zur Förderung enger Beziehungen mit Japan« gebildet, dem Vertreter des Außenhandels und der Industrie angehörten.

Zur Herbstmesse 1969, die Anzai wieder besuchte, informierte er uns über die Resultate seiner Bemühungen. Es gäbe Zustimmung, einen Wirtschaftsausschuss Japan-DDR zu gründen, dem eine Vielzahl bedeutender japanischer Industrieunternehmen beitreten würde. Er bat um Prüfung seiner Vorschläge, die in Japan abgestimmt und denen dort zugestimmt wurde.

Der Ministerrat der DDR votierte für die Bildung eines Wirtschaftsausschusses und beauftragte mich mit der Vorbereitung, die mit der japanischen Seite abgestimmt werden sollte. Zu dieser Vorbereitung gehörte, 1970 zwei Mitarbeiter des Außenhandels als Privatpersonen nach Tokyo zu schicken, für die Anzai gegenüber der japanischen Regierung bürgen sollte. Deren Aufgabe sollte darin bestehen, Informationen über die Wirtschaft der DDR und speziell des Außenhandels an potenzielle Partner zu geben.

Ihre Tätigkeit wurde von staatlicher japanischer Seite argwöhnisch beobachtet, auch wenn Anzai dafür stand. Erst mit Bildung der Wirtschaftsausschüsse Japan-DDR und DDR-Japan normalisierte sich ihre Tätigkeit.

Am 18. Januar 1971 reiste eine DDR-Delegation nach Tokyo. Nach sorgfältiger Abstimmung gründete die japanische Seite den Wirtschaftsausschuss Japan-DDR mit 24 Mitgliedern, großen Industrie- und Handelsunternehmen, die Leitung übernahm Masao Anzai.

In der DDR konstituierte sich im Februar 1971 der Wirtschaftsausschuss DDR-Japan. Ihm gehörten Generaldirektoren großer Außenhandelsbetriebe, Vertreter von Kombinaten, leitende Vertreter der Außenhandelsbank und andere Fachleute an. Im Rahmen der Wirtschaftsausschüsse wurden Unterausschüsse für die einzelnen Fach- und Warengebiete gebildet. Zur Sicherung der Finanzierungsaufgaben wurde ein Unterausschuss Banken gebildet, der vom Präsidenten der Außenhandelsbank Werner Polze geleitet wurde.

Die hohen Wachstumsraten der japanischen Wirtschaft in den 50er und 60er Jahren gingen auch auf den raschen Anstieg des Außenhandels zurück. Der Anteil Japans am Warenexport der kapitalistischen Länder lag Anfang der 50er Jahre bei einem Prozent, 1971 betrug er schon 7,8 Prozent. Mehr als ein Drittel davon konzentrierte sich auf den Handel mit den USA. Führende japanische Wirtschaftsstrategen erkannten sehr wohl die Gefahr einer solchen Einseitigkeit, die zum Konflikt mit US-Monopolen führen könnte. Der Konkurrenzkampf mit den USA und Westeuropa veranlasste japanische Monopole, volle Eigenständigkeit sowie politische und wirtschaftliche Selbstständigkeit für sich zu fordern, was im Klartext hieß, sich auch auf andere Märkte zu orientieren. Die militärische Verbindung zur USA sollte jedoch davon nicht berührt werden.

Im Interesse hoher Exporte, Profite und Wachstumsraten der Industrieproduktion drängte eine Reihe japanischer Unternehmen auf die Erweiterung des Handels mit den sozialistischen Ländern, die eine Wachstumsregion darstellten. Nachdem 1957 ein Handelsvertrag zwischen der UdSSR und Japan auf der Basis der Gleichheit und des gegenseitigen Vorteils abgeschlossen wurde, folgten Ende der 50er, Anfang der 60er Jahre ähnliche Verträge mit den anderen sozialistischen Ländern Europas – ausgenommen die DDR. Die Gründe lagen in Bonn. Mit Unterstützung des sowjetischen Handelsrates in Tokyo und später auch des sowjetischen Botschafter gelang es uns, das Eis zu brechen und japanische Wirtschaftskreise anzusprechen.

Ab 1969 gehörten japanische Firmen zu den ständigen Ausstellern auf der Leipziger Messe. Die Wirtschaftsausschüsse Japan-DDR und DDR-Japan entfalteten eine aktive Tätigkeit zur Förderung des Handels, organisierten wirtschaftliche und wissenschaftliche Kontakte und andere Begegnungen. Im Oktober 1971 empfing erstmals ein japanischer Regierungsvertreter eine Delegation des Wirtschaftsausschusses DDR-Japan. Der stellvertretende Minister für internationalen Handel und Industrie führte intensive Gespräche.

Im März 1972 traf Erich Honecker mit der Leitung des Wirtschaftsausschusses Japan-DDR auf der Leipziger Messe zusammen.

Sodann nahm die DDR in Gestalt der Kammer für Außenhandel an der Messe in Tokyo teil.

Als erstes erfolgte ein Protest des Botschafters der BRD im japanischen Außenministerium gegen die Verwendung der Bezeichnung »Deutsche Demokratische Republik«, ferner verlangte er die Entfernung der Staatsflagge, die am DDR-Stand gezeigt wurde.

Die japanische Seite informierte uns über den Protest und beließ es bei der Mitteilung.

Im Lauf des Jahres 1972 mehrten sich die Anzeichen, dass die Zeit reif sei für die Aufnahme diplomatischer Beziehungen zwischen der DDR und Japan. Jede weitere Verzögerung wäre für beide Seiten von Nachteil.

Im November fuhr ich als Vorsitzender des Wirtschaftsausschusses DDR-Japan nach Tokyo, um in Gesprächen mit Vizepremier Takeo Miki und dem Minister für internationalen Handel, Yasuhiro Nakasone, die Positionen der DDR zu erläutern. Ich schlug ihnen vor, eine offizielle staatliche Handelsvertretung der DDR in

*Gespräch beim Präsidenten des Oberhauses, Kenzo Kono,
26. April 1973*

Tokyo zu eröffnen und einen staatlichen Handelsvertrag
abzuschließen. Kurz danach legt Miki vor der Öffentlichkeit den Standpunkt der japanischen Regierung zu dieser
Frage dar. In nächster Zukunft erwarte er die Herstellung
diplomatischer Beziehungen zur DDR, weshalb er solche
Zwischenschritte als nicht notwendig erachte.

Tokyo zögerte die Aufnahme diplomatischer Beziehungen zur Deutschen Demokratischen Republik hinaus.
So berichtete die japanische Presse unter Hinweis auf
Informationen des Staatssekretärs im japanischen Außenministerium Hogan, Tokyo wolle erst das Verhalten der
europäischen Staaten, speziell einiger NATO-Länder,
nach Ratifizierung des Grundlagenvertrages zwischen der

DDR und der BRD abwarten. Am Ende war Japan die Nr. 81 der Staaten, die die DDR diplomatisch anerkannten und normale Beziehungen zu uns herstellten.

Anfang Januar 1973 informiert Takeo Miki, dass das japanische Außenministerium angewiesen worden sei, umgehend Gespräche zur Herstellung diplomatischer Beziehungen mit der DDR aufzunehmen. Durch Notenaustausch wurden am 15. Mai 1973 die diplomatischen Beziehungen zwischen der DDR und Japan hergestellt. In einem Protokoll wurde die Eröffnung von Botschaften in beiden Ländern vereinbart. Dennoch verzögerte der Widerstand einiger rechtsgerichteter Kreise in Japan die Herstellung normaler Beziehungen. Erst am 15. Oktober 1973 konnte die Botschaft der DDR in Tokyo eröffnet werden, am 20. März 1974 erteilte man dem ersten Botschafter das Agreement.

Dr. Joachim Gödicke, 1969 der erste DDR-Außenhändler in Tokyo, noch mit privaten Status; Aufnahme vor der Akkreditierung des DDR-Botschafters beim Tenno, 1974. Rechts: Polizei leitet den Wagen des DDR-Botschafters

156

Seit 1971 bis zur Aufnahme voller diplomatischer Beziehungen im Jahre 1974 hatte der Wirtschaftsausschuss DDR-Japan und Japan-DDR regelmäßig in Tokyo bzw. Berlin getagt. In Protokollen waren die Schritte zur Entwicklung der Wirtschaftsbeziehungen festgehalten. Der ganze Prozess der Aufnahme diplomatischer Beziehungen zwischen Japan und der DDR musste als Ergebnis der Wechselbeziehungen zwischen Wirtschaft und Staat in Japan verstanden werden. Diese waren gleichzeitig auch der Schlüssel für die weitere Ausgestaltung der Beziehungen. Die Wechselwirkung von Staat und Wirtschaft in Japan sicherte, wie in allen kapitalistischen Ländern, primär Umsatz und Profit. Alle staatlichen Maßnahmen mit Außenwirkung waren diesen Bestrebungen untergeordnet. Marx hatte Recht und Lenin irrte sich nicht: Der Staat war das Machtinstrument der herrschenden Klasse, mit dem sie ihre Interessen durchsetzte.

Die Nichtanerkennung der DDR durch den Staat hatte dazu geführt, dass die großen Konzerne ihre Interessen selbst in die Hand nahmen und den Wirtschaftsausschuss Japan-DDR als ihr Instrument nutzten, das Zögern des Staates zu unterlaufen.

Masao Anzai handelte als Präsident des großen Chemiekonzerns Showa Denko entsprechend. Ihm folgte nach seinem Tode 1973 im Vorsitz des Wirtschaftsausschusses Yoshihiro Inayama nach, in den 70er Jahren Aufsichtsratsvorsitzender von Japan Steel Corporation. Der Konzern produzierte ein Drittel des japanischen Stahls, 1980 übernahm Inayama auch den Vorsitz von Keidanren, Japans wichtigste Unternehmervereinigung. Nach ihm kam Hiroshi Saito, der 1980 Vorsitzender des Aufsichtsrates der Nippon Steel Corporation und Vorsitzender des Wirtschaftsausschusses Japan-DDR wurde. Inayama blieb als Ehrenvorsitzender dem Wirtschaftsausschuss Japan-DDR verbunden.

Erste Sitzung des Wirtschaftsausschusses Japan-DDR im Februar 1972. Helmut Schindler, Masao Anzei, Gerhard Beil und Mr. Abe (v.l.n.r.)

Diese Namen schmückten die DDR. Kein anderer Staat, der mit Japan Wirtschaftsausschüsse unterhielt, konnte derart schwergewichtige Industrielle als Mitglieder und Leiter vorweisen. Das war, wie ich meine, kein Zufall. Die hochkarätige Besetzung war ein Ausgleich für die unbefriedigende Staatspolitik. Und selbst dann, als die Politik normal wurde, blieb man im Ausschuss. Auch das sprach für den Charakter dieser Unternehmer.

Mit Yoshihiro Inayama, dem neuen Vorsitzenden des Wirtschaftsausschusses Japan-DDR, entstanden neue Strukturen. Zwischen 1975 und 1983 fanden jährliche Beratungen statt, auf denen Arbeitsprogramme vereinbart wurden. Der Warenumsatz stieg von über 200 Millionen Valutamark im Jahr 1975 auf über 1.000 Millionen im Jahre 1980 an. Fünf Jahre später waren 1.600 Millionen erreicht. In dieser Zeit kaufte die DDR für über fünf Milliarden Valutamark Anlagen in Japan, darunter

- zwei komplette Ammoniakanlagen von Toyo-Engineering
- ein Spalt- und Aromatenkomplex für Schwedt vom gleichen Lieferanten
- ein TV-Bildröhrenwerk von Nippon Electric Glas und von Toshiba
- eine Polyurethan-Seiden-Fabrik in Pirna von Fuji-Engineering
- Anlagen für die Rekonstruktion und Erweiterung von Schwedt von Toyo-Engineering
- eine Ammoniakanlage Piesteritz
- eine komplette Graugießerei für Leipzig von F. Marubeni
- ein Sechsrollenwalzgerüst für das Eko von Mitsubishi
- eine Anlage zur Herstellung von Kupplungsteilen
  Alle Anlagen waren auf dem technischen Höchststand.

Leipziger Herbstmesse 1987: Unterzeichnung eines Vertrages mit Toyo Engineering über Anlagen für das PCK Schwedt. V.l.n.r.: der Präsident von Toyo Engineering Mr. Uwatoko, Generaldirektor IAI Herbert Roloff und Dr. Werner Frohn, Generaldirektor des PCK Schwedt

Richtfest am Handelszentrum in Berlin, 27. Mai 1977.
Das Hochhaus war ein Vorhaben der japanischen Gesell-
schaft »Nippon-GDR-Project K. K.« und gehörte zu einem
Paket von Bauten, die in der DDR errichtet wurden

Die Vorbereitung dieser Abschlüsse erfolgte durch die Unterausschüsse der beiden Wirtschaftsausschüsse.

Es gab vier davon: den Unterausschuss für Handel, geleitet von Helmut Schindler, Generaldirektor von Transinter; den Unterausschuss Wissenschaft und Technik, geleitet vom stellvertretenden Minister für Wirtschaft und Technik, Hermann; den Unterausschuss Banken und Finanzen, geführt vom Präsidenten der Außenhandelsbank, Dr. Werner Polze, sowie den Unterausschuss Tourismus, den der stellvertretender Leiter des Reisebüros der DDR, Tischer, leitete.

Partner des Unterausschusses »Handel der DDR« waren die Präsidenten der großen japanischen Handelshäuser Mitsui, Mitsubishi und Sumitomo. Die Finanzierung der bedeutenden Industrieanlagen erfolgte mit

Unterstützung des Unterausschusses Banken und Finanzen, der Bankenvereinbarungen abschloss.

Mit den japanischen Handelshäusern, die in Japan eine große Tradition hatten, wurden Gegengeschäftsvereinbarungen zum Kauf von Erzeugnissen der DDR abgeschlossen. So wurde die Finanzierung abgesichert und der Export der Außenhandelsbetriebe unterstützt.

Die japanischen Partner kauften vor allem Werkzeugmaschinen, polygrafische Maschinen, Maschinen und Ausrüstungen für die Textil- und Lederindustrie, Erzeugnisse der chemischen Industrie und des wissenschaftlichen Gerätebaus sowie Konsumgüter.

Einweihung des Internationalen Handelszentrums, 1978

Im Beisein der Witwe wird die Büste von Masao Anzai im Foyer des Internationalen Handelszentrums enthüllt, September 1978

Die großen japanischen Handelshäuser agierten international, sie erfüllten eine für die japanische Volkswirtschaft wichtige Funktion, indem sie dafür sorgten, dass japanische Waren und Dienstleistungen auf der ganzen Welt Absatz fanden.

Mit Unterstützung der Wirtschaftsausschüsse wurde eine japanische Projektgesellschaft »Nippon-GDR-Project K. K.« gegründet, die mit der japanischen Firma Kajima bedeutende Bauprojekte in der DDR realisierte.

Zu diesen Bauvorhaben gehörte auch das Internationale Handelszentrum in Berlin, in dessen Empfangshalle die Büste des ersten Vorsitzenden des Wirtschaftsausschusses Japan-DDR, Masao Anzai, ihren Platz fand. Dazu gehörte das »Grand-Hotel Berlin« (heute The Westin Grand), das Hotel »Bellevue« in Dresden und das »Merkur« in Leipzig. Jenes 700-Betten-Hotel öffnete nach

30-monatiger Bauzeit pünktlich zur Leipziger Frühjahrsmesse (heute The Westin Leipzig). Besondere Bedeutung
hatte das Bauprojekt »Hotel Bellevue« in Dresden. Der
japanische Architekt Takeshi Inoue erhielt den Auftrag für
einen Neubau mit Einbeziehung des vorhandenen Ba-
rockgebäudes. Zwischen 1982 und 1985 wurde ein Hotel
gebaut, das dem internationalen Standard der Tourismus-
branche genügte.

Das »Hotel Bellevue« wurde am 13. Februar 1985 zugleich mit der Wiedereröffnung der Dresdner Semperoper
übergeben.

Neue Impulse erhielt die Zusammenarbeit, als auf Einladung der japanischen Regierung 1975 eine DDR-Delegation Japan besuchte. Diese stand unter Leitung von Dr.
Günter Mittag. Zum ersten Mal kam es dabei zu einer
Begegnung mit dem Ministerpräsidenten Takeo Miti und
zu offiziellen Verhandlungen. Nach Gesprächen mit dem
Ministerpräsidenten und dem Außenminister Mihaza-
zawa unterzeichneten dieser und ich ein Handelsabkom-

*Am 1. September 1978 empfing Erich Honecker Frau
Anzai zu einem Gespräch*

Die DDR-Delegation unter Leitung von Günter Mittag im alten Kaiserpalast in Kyoto, 1975

men für die Jahre 1975 bis 1980: mit Meistbegünstigungsklausel und Erleichterungen für Exporte der DDR nach Japan. Von nun an wurden die gemeinsamen Tagungen der Wirtschaftsausschüsse Japan-DDR und DDR-

Gedenken auch an Richard Sorge, des 1944 hingerichteten deutschen Kommunisten und Kundschafters, Grab in Tama

Zum Gespräch bei Ministerpräsident Takeo Miti, 1974

Japan, die im Wechsel in Berlin oder Tokyo stattfanden, mit Begegnungen und Treffen zum Teil auf höchster Ebene verbunden.

Im September 1975 war Yoshihiro Inayama, der Vorsitzende des Wirtschaftsausschusses Japan-DDR, mit einer größeren Gruppe japanischer Wirtschaftskapitäne bei Erich Honecker, Ministerpräsident Willi Stoph und Volkskammerpräsident Horst Sindermann zum Gespräch. Der Staatsratsvorsitzende würdigte die guten Ergebnisse der bisherigen Arbeit und übergab ein Dokument mit Vorschlägen zur weiteren Entwicklung der Beziehungen zwischen beiden Staaten.

Die japanischen Vertreter informierten später über die Gespräche den Ministerpräsidenten und schlugen weitere Schritte zum Ausbau der bilateralen Zusammenarbeit vor.

Beim Besuch einer zweiten Staatsdelegation, die ebenfalls auf hoher Ebene Gespräche führte, kam ein Regierungsabkommen über die Förderung der wissenschaftlichtechnischen Zusammenarbeit zustande. In den Gesprächen wurde von beiden Seiten die Notwendigkeit eines Handels- und Schifffahrtsabkommens betont. Der Vertrag sollte allerdings erst nach langwierigen Verhandlungen 1981 zum Abschluss kommen.

Günter Mittag, der im Januar 1975 und im November 1977 mit Wirtschaftdelegationen nach Japan fuhr, traf mit den Präsidenten des Oberhauses Kenzo Kono, mit dem Handels- und dem Außenminister zusammen.

Yoshihiro Inayama, dem Vorsitzenden des Wirtschaftsausschusses Japan-DDR und Präsidenten des japanischen Industriellenverbandes verlieh Mittag bei der ersten Reise den »Stern der Völkerfreundschaft«. Inayamas Nachfolger, Hiroshi Saito, erhielt von der Technischen Universität Dresden die Ehrendoktorwürde.

Wie sehr Wirtschaft und Politik in Japan zusammengehörten, machte Saitos Rede anlässlich der Verleihung der Ehrendoktorwürde 1982 deutlich: »Wir Japaner wissen sehr gut, dass sich die Wirtschaft unseres Landes ohne

Yoshihiro Inayama, Vorsitzenden des Wirtschaftsausschusses Japan-DDR, Gespräch mit ZK-Wirtschaftssekretär Günter Mittag in Tokyo, 1974

Der Wirtschaftsausschuss DDR-Japan tagt in Berlin, 1987

freundschaftliche Beziehungen zur internationalen Gemeinschaft nicht behaupten kann. Die Weltwirtschaft sieht sich vor unzählige Aufgaben gestellt, wie das Energieproblem und die internationalen Währungsfragen.

Wir nähern uns jetzt einer ernsten Zeit, in der es darum geht, wie man durch Zusammenwirken und gute Kooperation dieser Aufgabe Herr werden und das Gleichgewicht und den Frieden in der Welt wieder herstellen kann.«

Im Mai 1981 reiste Erich Honecker zum Staatsbesuch nach Japan. Mit der Einladung und dem Besuch des Vorsitzenden des Staatsrates der DDR zeigte Japan, dass es trotz des »Sicherheitsvertrages« mit den USA außenpolitisch eigenständig handelte und den Grundsatz, »gute Beziehungen mit allen«, achtete und lebte.

Diese Änderung der japanischen Politik gegenüber der DDR wurde schon Ende der 70er Jahre sichtbar. Sie unterschied sich stark von der vor 1972. Abkommen zum Luftverkehr, zur Schifffahrt, zu Reise und Touristik konnten ohne große Probleme vorbereitet und abgeschlossen werden. Auch wenn es durchaus nicht an Versuchen der

Japans Ministerpräsident Nakasone Yasuhiro bei Erich Honecker in Berlin, Januar 1987

BRD fehlte, darauf Einfluss zu nehmen, ließ sich die japanische Seite nicht mehr beeindrucken. Führende Industrielle waren an einer störungsfreien wirtschaftlichen Entwicklung mit der DDR stärker interessiert als an westdeutschen Querelen.

Bei Besuchen von Wirtschaftsdelegationen in Japan beeindruckten die japanischen Gastgeber mit ihrer Kultur, auf die sie berechtigter Weise sehr stolz waren. Sie zeigten uns den alten Kaiserpalast in Kyoto ebenso wie die Tempelanlagen in Arita und in Haiku. Der Steingarten in Kyoto, bestehend aus geharktem Kies und 15 Felsbrocken, war das Ergebnis jahrelangen Nachsinnens. Von den 15 Steinen konnte man jeweils nur 14 sehen, ganz gleich, wo man stand. Wenn der Gast verstand und es ihm gefiel, waren die Gastgeber glücklich.

Der Staatsbesuch in Japan vermittelte starke Impulse für die allseitige Entwicklung der Beziehungen. 1985 kamen die Mitglieder des Wirtschaftsausschusses Japan-DDR auch nach Dresden, sie besuchten die neueröffnete

168

Treffen mit dem japanischen Kronprinzen, dem heutigen Kaiser Akihito, 1982

Semperoper und wurden in Berlin nach Abschluss eines neuen Abkommens von Erich Honecker empfangen.

Im Januar 1987 folgte der japanische Ministerpräsident Nakasone Yasuhiro der Einladung der Regierung der DDR nach Berlin und wurde während seines Aufenthaltes von Erich Honecker empfangen.

Im September 1987 wurde die Wirtschaftsausschuss-Sitzung in Berlin mit der feierlichen Übergabe des Grand Hotel verbunden. Ein neues Abkommen wurde verhandelt, es sollte, was keiner damals wusste, das letzte zwischen der DDR und Japan sein.

Die Ergebnisse dieser 20-jährigen Tätigkeit der Wirtschaftsausschüsse Japan-DDR und DDR-Japan sind heute noch sichtbar: moderne Industrieanlagen, Hotels, Handelszentren. Die schwierigen Anfänge mit dem Ziel, die Aktivitäten der DDR zu stören, wurden erfolgreich überwunden, gewonnene Erkenntnisse in der Zusammenarbeit wurden (bisher) nicht weiter genutzt. Die Ge-

Ehrung von Yoshihiro Inayama, des Vorsitzenden des Wirtschaftsausschusses Japan-DDR, mit dem Orden »Stern der Völkerfreundschaft«, 1975

schichte aber ist nie zu Ende. Von 1975 bis Ende der 80er Jahre lieferte die japanische Industrie große Industrieanlagen an die DDR. Sie entsprachen dem neuesten Stand der Technik. Wichtige Industriezweige der DDR produzierten damit effektiv und erfolgreich. Die Bezahlung erfolgte mit Erzeugnissen der DDR. Heute produzieren damit zumeist große Firmen aus dem Westen Deutschlands.

Die Repräsentanten der japanischen Wirtschaft waren zuverlässige Partner in den Bemühungen der DDR, Auswirkungen der Embargo-Maßnahmen zu überwinden.

Die Botschafter, Handelsräte, Mitarbeiter der Vertretungen, die Mitglieder der DDR-Seite des Wirtschaftsausschusses haben in diesen Jahren eine wertvolle Arbeit geleistet und dazu beigetragen, dass das Ansehen der DDR in Japan wuchs. Wir haben im November 1989 in Tokyo ihnen dafür gedankt und uns verabschiedet.

Österreich war nicht nur Opfer Hitlerdeutschlands geworden, sondern auch Mittäter. Das führte zur Besetzung des Territoriums durch die Hauptmächte der Antihitlerkoalition, die das Territorium – analog wie in Deutschland – in vier Zonen teilte. Anders jedoch als in Deutschland endete am 15. Mai 1955 die Besatzungszeit mit der Unterzeichnung des Österreichischen Staatsvertrages. Mit dem Bekenntnis zu immerwährender Neutralität und der Verpflichtung, keinen erneuten Anschluss an Deutschland anzustreben, erlangte die Republik ihre volle Souveränität, die Besatzungstruppen zogen ab.

Im Potsdam hatte die UdSSR auf Reparationsleistungen aus Österreich zunächst verzichtet. 1946 gingen die Betriebe aus deutschem Eigentum in der sowjetischen Besatzungszone in das Eigentum der UdSSR über, darunter die gesamte österreichische Erdölförderung, die Donaudampfschifffahrt-Gesellschaft, dazu Industriesowie große landwirtschaftliche und forstwirtschaftliche Betriebe. Zur Leitung dieser rund 300 Unternehmen installierte die sowjetische Besatzungsmacht eine Verwaltungsorganisation, die USIA (*Uprawlenije sowjetskim imutschestwom w Awstrij*). Mit der USIA entstand ein großer Konzern.

1946 verstaatliche die österreichische Regierung die gesamte Erdöl- und Metallindustrie, alle Großbanken und weitere 71 Großbetriebe, darunter die wichtigsten Werke der Metall- und Elektrowirtschaft. Dieser Sektor »verstaatlichte Industrie« sollte in den wirtschaftlichen Beziehungen zur DDR große Bedeutung erlangen.

Aus den sowjetischen Entscheidungen ergaben sich erste umfangreiche Handelsgeschäfte. Das in der sowjetischen Besatzungszone in Österreich geförderte Öl wurde wegen der langen Transportwege nicht in die Sowjet-

union, sondern nach Ungarn, Polen und die Tschechoslo-
wakei. Bezahlt wurde mit Lieferungen aus der sowjetischen Besatzungszone in Deutschland. Diese Praxis
bestand bis 1963 fort. Allerdings wurden diese Lieferungen nach Gründung der DDR als Außenhandel dekla-
riert.

Nach Abschluss des österreichischen Staatsvertrages
1955 übergab die UdSSR die USIA-Betriebe. Österreich
gliederte sie in den Sektor »staatliche Industrie« ein. Später
gründete Österreich für diese Betriebe die Austria Industrie AG. Dieser Konzern, der 1989 rund 400 Beteiligun-
gen an Betrieben und 80.000 Mitarbeiter hatte, war damit
der größte Konzern Österreichs.

In der Vereinbarung zwischen der Sowjetunion und
der Alpenrepublik war ferner festgelegt, dass Österreich
jährlich eine Million Tonnen Erdöl an die UdSSR zu liefern hat, und das zehn Jahre lang. Ein Viertel davon übernahm der Außenhandel der DDR.

Aus dieser Entwicklung ergaben sich nach Gründung
der DDR Ansatzpunkte für Verabredungen. Allerdings
kamen wir nicht recht voran. Österreich akzeptierte zwar
unsere Pässe, verweigerte aber die diplomatische Anerkennung. Obgleich neutral, war der Druck des Nachbarn
durchaus wirksam.

In ersten Gesprächen erklärte sich die österreichische
Seite bereit, die Bundeskammer für gewerbliche Wirtschaft für Verhandlungen im Herbst 1953 zu benennen.
Diese einflussreiche Organisation steuerte mit dem österreichischen Handelsministerium nicht nur innere wirtschaftliche Aufgaben, sondern war auch für wirtschaftliche Außenbeziehungen zuständig.

Die Verhandlungen führte auf Seiten der DDR der
Präsident der Kammer für Außenhandel Dr. Gottfried
Lessing. Bereits im Dezember 1953 war das erste Abkom-
men unter Dach und Fach.

Erste Gespräche in Linz bei der VÖEST, 5. November 1965. Die 1946 gegründeten Vereinigten österreichischen Eisen- und Stahlwerke waren Teil der verstaatlichten Industrie Österreichs. Heute heißt der internationale Stahlindustriekonzern voestalpine und ist eine Aktiengesellschaft

Zum Abkommen gehörten verbindliche Warenlisten und eine Vereinbarung über die Einrichtung einer Vertretung der DDR-Kammer für Außenhandel in Wien. Gleichzeitig wurde das bestehende Kompensationsabkommen beendet und ein Zahlungsabkommen auf Clearing-Basis unterzeichnet.

Es war eine der ersten Vereinbarungen der DDR mit einem kapitalistischen Industrieland.

Leitende Herren der österreichischen Wirtschaft, auch österreichische Politiker, unterstützten uns in dieser wichtigen Phase. Sie taten das im Interesse Österreichs und der Festigung ihrer neuen Selbstständigkeit.

1954 eröffneten wir die Vertretung in Wien. Sie besaß keinen diplomatischen Status, wurde aber von den österreichischen Behörden und von der Bundeskammer als Partner akzeptiert.

173

In den vereinbarten Warenlisten gab es Besonderheiten. Kontingente waren nach Bundesländern festgelegt, womit sich regionale Exportfirmen in den einzelnen Bundesländern Anteile am Export in die DDR sicherten.

Eine weitere Besonderheit war die Festlegung über einen »adressierten Clearing«. Damit sicherte sich die DDR einen Absatz bestimmter Erzeugnisse und kaufte für die erzielten Geldmittel bestimmte Erzeugnisse, an deren Export Österreich interessiert war und die wir dringend benötigten.

Die erste Vereinbarung, die so abgeschlossen wurde, war ein Stahl-Kali-Vertrag. Es gab in Europa zwei große

Visite in Wien mit Günter Mittag, September 1967

Kaliproduzenten, die DDR und die BRD. Die österreichischen Stahlwerke waren interessiert, ihren Anteil am Export in die DDR zu erhöhen, und wir benötigten deren Erzeugnisse. Sie schlugen vor, uns beim Absatz von Kali, den die österreichische Landwirtschaft in großen Mengen benötigte, zu unterstützen, wenn wir die dadurch erlösten Gelder zum Stahleinkauf bei ihnen nutzten. Wir sagten zu. Die Stahlwerke stimmten mit den großen Handelsorganisationen der österreichischen Landwirtschaft ab, ihnen Dünger zu günstigen Konditionen bereitzustellen.

Das Konzept funktionierte, die DDR erreichte einen bedeutenden Marktanteil und die österreichische Stahlindustrie konnte ihren Export von Edelstahl erhöhen. Die Preise für Kali blieben stabil, weil eine ganze Handelsstufe wegfiel.

Die guten Ergebnisse führten zu einer ständigen Organisation, dem Stahl-Kali-Gremium. Mitglieder wurden die Stahlwerke, landwirtschaftliche Genossenschaften und Außenhändler der DDR. Wie nicht anders zu erwarten, gab es Protest aus Bonn. Aber das ökonomische Gewicht der Stahlwerke – damals noch Staatsbetriebe – war groß genug, jahrzehntelang so zu verfahren.

Es gab noch andere Zweckverbindungen.

Bis in die 60er Jahre heizten viele Haushalte, vor allem in ländlichen Gebieten, mit Braunkohlenbriketts. Es gab in Europa zwei große Produzenten – die BRD und die DDR. Im Zusammenwirken mit der Stahlindustrie und mit österreichischen Partnern bildeten wir eine Kohle-Absatz-Firma. Allein 1960 lieferten wir mehr als 350.000 Tonnen Braunkohlenbriketts nach Österreich.

Im Verlauf der Zeit schlossen sich andere Wirtschaftszweige dem Stahl-Kali-Gremium an. Wir handelten dann auch mit Konsumgütern wie Textilien und Schuhe.

Im Rahmen des Marshall-Plans erhielt Österreich Steinkohle aus den USA via Hamburg. Schiffe aus der

DDR brachten die Kohle bis Magdeburg, dann ging es auf die Schiene. Die Transit- und Verladekosten stellten wir der österreichischen Seite in Rechnung, wollten dafür aber kein Geld, sondern bezogen im Rahmen eines Kompensationsabkommens 1963/64 Röhren für ein Pumpspeicherwerk.

1960 hatte der Warenaustausch mit Österreich rund 200 Millionen Valutamark erreicht. Wir exportierten Erzeugnisse der chemischen Industrie, Maschinenbauerzeugnisse, vor allem Werkzeugmaschinen, Glas, Porzellan und Keramik. Und aus Österreich importierten wir Stahl, Maschinen, chemische Erzeugnisse und Konsumgüter.

Obwohl Österreich neutral war, unterwarf sich Wien den Regeln der CoCom. Darauf achtete auch die 1955 eingerichtete Botschaft der BRD. Die österreichischen Diplomaten bewegten sich mit Zurückhaltung, mieden die Konfrontation, arbeiteten aber dennoch konsequent für eine Normalisierung der Beziehungen zur DDR.

In den 60er Jahren wurde die Stärke der Bundeskammer für gewerbliche Wirtschaft, unseres unmittelbaren Partners in Wien, sichtbar. Sie organisierte auf der Leipziger Messe Kollektivstände der österreichischen Wirtschaft, denen starkes Interesse entgegengebracht wurde. Leitende Herren der Bundeskammer besuchten regelmäßig die Messe und berieten mit Vertretern des Außenhandels. Im Gegenzug nahm die DDR regelmäßig an der Wiener Messe und den Messen in Graz und Innsbruck teil.

Die Botschaft der BRD verfolgte argwöhnisch unsere Aktivitäten und protestierte regelmäßig gegen die Bezeichnung »DDR« und das Zeigen unserer Flagge auf Ausstellungen. Man antwortete den Abgesandten Bonns, dass jeder Aussteller sich an seinem Stand bezeichnen könne, wie er möchte, und er könne auch flaggen, was er wolle. Es gäbe in Österreich kein »Fahnengesetz«, das dies untersage.

1959 fand im Künstlerhaus in Wien eine Buchausstellung der DDR statt. Unsere Fahne wurde gezeigt. Am zweiten Tag wurde sie gestohlen. Wir hissten eine zweite Fahne, die von einen Posten ständig gesichert wurde. Jeden Tag berichtete die Wiener Presse. Die Buchausstellung schloss nach zwei Wochen mit Besucherrekord.

In den 60er Jahren gelang es auch, über Wien bedeutende Drittlandgeschäfte abzuschließen. Als neutraler Staat war Österreich eine gute Adresse, seine betont westliche Ausrichtung war mehr Hilfe denn Hindernis. Der große staatliche Sektor Österreichs ermöglichte eine politische Steuerung wirtschaftlicher Vorgänge, auch des Außenhandels.

In diesen Jahren begann auch eine umfangreiche Tätigkeit auf wirtschaftlichem Gebiet. Wirtschaftsdelegationen und Handelsbeteiligungen trugen zur Ausweitung des Handels bei. Die Bundeskammer für gewerbliche Industrie als Interessenvertreterin der österreichischen Wirtschaft erkannte sehr früh, dass die DDR für ihre Unternehmen ein guter zuverlässiger Absatzmarkt war. Deshalb war die Kammer auf der Leipziger Messe mit einem repräsentativen Informationsstand vertreten. Auch dabei erwies sich der staatliche Sektor Österreichs als ein aktiver Posten.

1965 luden der Präsident der Bundeskammer, Rudolf Sallinger, und der Generaldirektor der Vereinigten österreichischen Eisen- und Stahlwerke AG in Linz, Dr. Herbert Josef Koller, zu Beratungen. Koller war einer der Mitinitiatoren des Stahl-Kali-Abkommens und zuverlässiger und ideenreicher Partner. Er fand bei den österreichischen Regierungsstellen große Aufmerksamkeit. Zwei Jahre später, im September 1967, lud Präsident Sallinger eine Wirtschaftsdelegation unter Leitung von Dr. Günter Mittag zur Wiener Herbstmesse ein. Neben Beratungen in der Bundeskammer besichtigte die Delegation den verstaat-

Rudolf Sallinger (r.), Präsident der Bundeskammer, mit der DDR-Delegation, 1967

lichten Konzern Linz Chemie, einen bedeutenden Partner der chemischen Industrie der DDR, mit dem wir 1970 über 50 Millionen VM Handelsumsatz erreichten.

Das Interesse der Bundeskammer an den Beziehungen zur DDR kam auch darin zum Ausdruck, dass 1968, vor der diplomatischen Anerkennung, die Bundeskammer ein langfristiges Handelsabkommen mit dem staatlichen Amt für Außenwirtschaftsbeziehungen der DDR abschloss und 1970 eine Vertretung der Bundeskammer in der Hauptstadt der DDR eröffnete.

Die jährlich stattfindenden Sitzungen zwischen der Kammer für Außenhandel und der Bundeskammer für gewerbliche Wirtschaft trugen dazu bei, den Warenaustausch zu erweitern. Bis August 1970 wurden unter Beibehaltung der Beziehungen zur Bundeskammer Kontakte zu österreichischen Ministerien aufgenommen und Projekte mit ihnen vereinbart. Das Bonner Außenministerium protestierte vor jeder Beratung mit Vertretern der DDR in Wien. Im Sommer 1960 intervenierte man, als in Wien eine »Verkehrsvertretung der DDR« eröffnet wurde. Die zuständigen österreichischen Stellen erklärten, es handele sich um ein Informationsbüro ohne Kompetenzen.

Am 21. Dezember 1972 wurde der Grundlagenvertrag zwischen der DDR und der BRD in Berlin unterzeichnet. Am gleichen Tag und zur selben Stunde vereinbarten Österreich und die DDR diplomatische Beziehungen. Das war mehr als eine Geste, das war eine Demonstration.

Als erstes kapitalistisches Land hatte die Schweiz einen Tag zuvor, am 20. Dezember 1972, die DDR anerkannt.

Die internationale Stellung Österreichs, ihre Funktion als Drehscheibe im Handel (und nicht nur im Handel) zwischen Ost und West wurde seit Ende der 70er Jahre genutzt, um neben staatlichen Handelsabkommen auch separate Vereinbarungen abzuschließen. Sie sicherten der DDR Exporte in dritte Märkte und ermöglichten uns, dafür Edelstähle, Bleche, Erdöl (1983 eine Million Tonnen) und Getreide (einmal 300.000 Tonnen) zu beziehen.

Die erste Vereinbarung, die Bundeskanzler Bruno Kreisky (SPÖ) unterzeichnete, nannte er einen »Meilenstein in den Beziehungen zwischen beiden Ländern«.

Wirtschaftsgespräche in Linz, 1967

Zum Gespräch bei Bundeskanzler Bruno Kreisky, 1984

1983, 1984 und 1985 unterzeichneten seine Nachfolger im Amt, Fred Sinowatz (1983-1986) und Franz Vranitzky (1986-1997), verschiedene Sondervereinbarungen. Vranitzky schloss 1986 und 1987 Vereinbarungen mit einem jährlichen Umfang von über zwei Milliarden Schilling. Die bis 1989 abgeschlossenen Vereinbarungen wurden stets übererfüllt.

Bei der Unterzeichnung, die auf Wunsch der Bundeskanzler stets in Österreich stattfand, wurde wiederholt auf die große Bedeutung der Beziehungen für die österreichische Wirtschaft hingewiesen. Der Nutzen für die DDR war nicht minder bedeutend.

1975 schlossen Berlin und Wien einen Konsularvertrag. Er war 1974 paraphiert worden und erregte den Unwillen Bonns. Der abgeschlossene Konsularvertrag ging davon aus, dass Staatsbürgerschaft in erster Linie nach dem Wohnsitz bestimmt werde. Die BRD beharrte auf ihrer Position, dass es nur eine »deutsche Staatsbürgerschaft« gäbe. Im Sommer 1975 wies Kanzler Bruno Kreisky vor der Presse alle Einmischungsversuche von außen zurück und sagte mit Blick auf Bonn: Wenn Politiker anderer Länder die österreichische Politik qualifizierten, hätten die Österreicher die Gewohnheit, eine besondere Härte an den Tag zu legen. Die DDR sei Mitglied der Vereinten Nationen. »Wir können uns nicht zu der Erklärung durchringen, dass das ein Staat ohne Staatsbürger ist.«

In den Jahren nach 1973 wuchs der Warenaustausch zwischen Österreich und der DDR schnell an. Das für 1973/74 gültige Handelsabkommen wurde nunmehr mit dem österreichischen Handelsministerium abgeschlossen. Die Botschaft der DDR öffnete, und die Vertretung der Kammer für Außenhandel wurde in eine offizielle Handelsvertretung umgewandelt. Die Außenhandelsbeziehungen mit der DDR interessierten die österreichischen Firmen und nahmen stetig zu. Anfang der 80er Jahre fanden in Wien »Technische Tage der DDR-Industrie« und in Berlin »Tage der österreichischen Industrie« statt.

Das Donaueuropäische Institut in Wien lud zu einer Veranstaltung am 27. März 1974 zum Thema »Die Außenhandelsbeziehungen der DDR«. In der anschließenden Diskussion wurden viele Vorschläge für eine Erweiterung der Beziehungen gegeben. Im Verlaufe der nächsten Jahre ergaben sich daraus regelmäßige Kontakte.

In den folgenden Jahren wurden in der Industrie der DDR umfangreiche Investitionen im Milliardenumfang getätigt. Die technischen Verhandlungen, die von Mitarbeitern der Industrie und des Außenhandels mit großer Sachkenntnis und Verantwortung geführt wurden, mussten mit Vorschlägen für die Finanzierung ergänzt werden. Dazu wurden im Rahmen des Handelsabkommens Konsortialvereinbarungen und Gegengeschäftsvereinbarungen abgeschlossen.

Konsortialvereinbarungen deshalb, um einen Hauptverantwortlichen als Partner zu haben, und Gegengeschäftsvereinbarungen, um die Lieferanten der Anlagen zu verpflichten, Erzeugnisse der DDR zu kaufen und wenn möglich Zulieferungen vorzunehmen. Wir erreichten, dass beim Kauf einer Anlage rund 63 Prozent des Wertumfangs (etwa 4 Milliarden VM) Erzeugnisse aus der DDR abgenommen wurden.

Ein geeigneter Partner war für uns die VOEST alpine Stahl AG, der größte Betrieb der verstaatlichten Industrie in Österreich. Folgende Anlagen wurden in jenen Jahren in Österreich gekauft:

Frühjahrsmesse 1981: Herbert Roloff, Generaldirektor des Außenhandelsbetriebes IAI, und Heribert Apfalter, Generaldirektor der VOEST, unterzeichnen den Vertrag über die Errichtung eines Konverterstahlwerkes in Eisenhüttenstadt, Volumen 2,1 Milliarde VM, 1981. Es ist der größte Vertrag seiner Art, den die DDR je schloss

- Äthylenanlage Böhlen (zum Kombinat PCK Schwedt gehörend) 300 kt/a, 1970
- Äthylenoxidfabrik Buna 104 kt/a, 140 Millionen VM, 1974
- Vakuumdestillation Leuna, 75 Millionen VM, VOEST, 1977
- Destillationsanlage für VC-Abtrennung Buna, 20 Millionen VM, VOEST, 1977
- Walzwerke Ilsenburg, 400 Millionen VM, VOEST, 1978
- KAS-Granulierung (Kalkammonsalpeter) PCK Schwedt, 30 Millionen VM, VOEST 1979
- Additive Leuna, 10 Millionen VM, Elin-Union, 1979
- Verladeanlagen Schwedt, 15 Millionen VM, Elin-Union, 1979
- Visbreaker Leuna, 200 Millionen VM, VOEST, 1980
- Rekonstruktion Raffinerie Schwedt, 600 kt/a, 30 Millionen VM, VOEST
- Erdölrückstandverwertung Leuna, 710 Millionen VM, VOEST, 1981
- Konverterstahlwerke Eisenhüttenstadt, 2,1 Milliarden VM, VOEST, 1981
- Rohbenzinerweiterung Leuna, 170 Millionen VM, VOEST, 1984
- Graphitelektroden Elektrokohle Berlin-Lichtenberg, 65 Millionen VM, VOEST, 1984
- Erweiterung Produktion Böhlen, 260 Millionen VM, VOEST, 1985
- Tankstellen Premberg

Damit überholte Österreich im Handelsvolumen die Republik Frankreich. Von 1975 bis 1980 verdoppelte sich der Warenaustausch. Zwischen 1980 und 1985 erfolgte nochmals eine Verdopplung, obgleich Österreich die Verträge mit der CoCom abstimmen musste. Dabei wurde von Konkurrenzfirmen versucht, durch gezielte Falschinformationen Abschlüsse zu verhindern.

Herbstmesse 1987 in Leipzig, Empfang für österreichische Geschäftsleute: Rudolf Sallinger (r.), Frau Kommerzialrat Rudolfine Steindling (Zweite v.l.), Rudolf Streicher, Bundesminister für Verkehr (M.)

Für die Realisierung der mit der VOEST abgeschlossenen Gegengeschäftsvereinbarungen gründete der Stahlkonzern die »Intertrading AG«. Diese nahm zur Bezahlung von Anlagen Waren aus der DDR im Wert von über zwei Milliarden VM ab.

Diese schnelle Steigerung des Handelsvolumens erhöhte in Österreich das Interesse an den Beziehungen zur DDR. Seit Anfang der 70 Jahre beteiligte sich Österreich mit Firmen-Einzelausstellungen und einer Kollektivausstellung der österreichischen Wirtschaft, organisiert durch die Bundeskammer für gewerbliche Wirtschaft, an der Leipziger Messe. Während des Rundgangs am ersten Messetag besuchten Vertreter der Staatsführung regelmäßig die österreichische Ausstellung und signalisierten damit unser Interesse an einer Erweiterung der Beziehungen. Seit 1975 war Österreich in Leipzig stets durch ein Regierungsmitglied vertreten.

Nach langen Verhandlungen unterzeichneten der Generaldirektor des Außenhandelsbetriebes Industrieanlagen-Import (IAI), Herbert Roloff, und Josef Herbert Koller von der VOEST AG einen Vertrag zum Bau eines kompletten Konverterstahlwerks in der DDR für über zwei Milliarden Valutamark. Eine gleichzeitig unterzeichnete Vereinbarung über Gegengeschäfte verpflichtete die VOEST AG, Erzeugnisse der DDR-Produktion zu kaufen.

Das war der größte Vertrag, den die DDR mit einem kapitalistischen Industrieland abschloss.

Die Außenhandelsbetriebe IAI unter Leitung von Generaldirektor Roloff und andere Außenhandelsbetriebe unter Leitung ihrer Generaldirektoren hatten die Einhaltung der Verträge abzusichern.

1985 bestanden folgende Abkommen bzw. Vereinbarungen:

- Abkommen zwischen der Regierung der DDR und der österreichischen Regierung über die wissenschaftlich-technische Zusammenarbeit vom 1. April 1978;
- Zusammenarbeitsvereinbarung zwischen der Kammer für Außenhandel der DDR und der Bundeskammer der Gewerblichen Wirtschaft Österreichs;
- Kooperationsabkommen zwischen einem Konsortium von Außenhandelsbetrieben der DR und der VOEST Alpine AG (Vereinigte Österreichische Eisen und Stahlindustrie) von 1984;
- Stahl-Kali-Vertrag zwischen Außenhandelsbetrieben der DDR unter Leitung des AHB Metallurgiehandel und den Vereinigten Edelstahlwerken Österreich (VEW);
- Vereinbarung über die Zusammenarbeit zwischen der Deutschen Reichsbahn und der Firma Plasser & Theurer;

- Vereinbarung zwischen dem AHB Chemie und der Chemie Linz AG über die Zusammenarbeit;
- Zusammenarbeitsvereinbarung zwischen einem Konsortium von Außenhandelsbetrieben der DDR unter Leitung von AHB Elektrotechnik und Wagner-Biro;
- Zusammenarbeitsvereinbarung zwischen einer Reihe von AHB der DDR unter Federführung von WMW Export-Import und Simmering-Graz-Pauker AG.

1984 wurde das Konverterstahlwerk in Eisenhüttenstadt fertiggestellt und von Bundeskanzler Fred Sinowatz und Erich Honecker übergeben. Im Beisein der beiden Politiker wurde zudem ein neues langfristiges Handelsabkommen unterzeichnet.

Am 21. August 1987 wurde der »Vertrag der Republik Österreich und der Deutschen Demokratischen Republik zur Regelung offener vermögensrechtlicher Fragen« in Salzburg im Beisein von Bundeskanzler Vranitzky und Günter Mittag unterzeichnet. Damit waren alle offenen Themen zwischen beiden Staaten vertraglich geregelt.

Im Juni 1988 besuchte Bundeskanzler Franz Vranitzky mit einer großen Wirtschaftsdelegation die DDR. Dieser Delegation gehörten 26 Präsidenten und Generaldirektoren großer Industrie- und Handelsfirmen sowie österreichischer Banken an. In den Beratungen betonte die österreichische Seite, dass mehr als 2.500 österreichische Firmen Geschäftspartner der Außenhandelbetriebe und Kombinate der DDR seien.

Österreich war seit Beginn der Existenz der DDR deren zuverlässiger Partner. Das traf nicht nur auf die Wirtschaft und ihre Vertreter zu, sondern auch auf Politiker, die konstruktive Lösungen unter schwierigen Bedingungen zu finden halfen, Bedingungen, für die sie nicht verantwortlich waren. Sie halfen, politische Einschränkungen nicht zu verschärfen, sondern mit ihren Erfahrungen und ihrem internationalen Ansehen diese abzubauen.

Die Politik der österreichischen Regierung zielte darauf ab, mit keinem der beiden deutschen Staaten Abmachungen zu treffen, welche vom jeweils anderen als Belastung empfunden werden konnte. Andererseits war Wien souverän und machte sich nicht vom Willen und Wollen anderer abhängig.

USA

Die politischen und wirtschaftlichen Beziehungen zu den USA waren in den 50er und 60er Jahren geprägt vom Kalten Krieg. Über diverse Einrichtungen – vom Travel-Büro über die CoCom – und im Zusammenspiel mit den anderen NATO-Staaten wurde eine restriktive Politik gegenüber der DDR durchgesetzt. Die USA verfolgten als Großmacht eigene Interessen und versuchte in deren Realisierung auch ihre Verbündeten einzubinden. Ihr Nachkriegsziel war, wenngleich öffentlich unausgesprochen, deutlich erkennbar. Die Vereinigten Staaten wollten sich aus politischen, militärischen und wirtschaftlichen Gründen dauerhaft in Europa festsetzen. Und zweitens sollte die Sowjetunion aus Zentraleuropa verdrängt werden. Diesen beiden strategischen Optionen wurde alles untergeordnet.

Einzelne amerikanische Gesellschaften unterhielten über ihre europäischen Tochtergesellschaften Geschäftsbeziehungen zum Außenhandel der DDR. Man kaufte chemischen Waren, Stahlerzeugnisse, Werkzeugmaschinen und ähnliches. In der Regel waren das Einzelgeschäfte.

Dass sie sich dabei an die Bonner Alleinvertretung und andere Verdikte hielten, kann nicht überraschen: Schließlich war die BRD ihr Kind. Die USA hatten es gemeinsam mit den anderen westlichen Besatzungsmächten und der westdeutschen Großbourgeoisie zur Welt gebracht.

Darum forderten sie, Waren aus der DDR zu kenn-
zeichnen: »Aus der sowjetischen Besatzungszone« oder
»Made in East Germany«.

Verbindungen zu Regierungsbehörden gab es so wenig
wie Wirtschaftsabkommen irgendwelcher Art. 1960 betrug der gesamte Warenaustausch mit den USA (ohne Lieferungen der europäischen Töchter) 39,4 Millionen
Valutamark.

Nach dem »Mauerbau« beteiligten sich große amerikanische Firmen erstmals an der Leipziger Messe. Die Zahl
der Besucher aus den USA nahm zu. Während der
Herbstmesse 1971 meldete sich bei mir ein amerikanischer Geschäftsmann namens Staffort und erklärte, dass es
in amerikanischen Wirtschaftskreisen Überlegungen gebe,
eine DDR-Wirtschaftsdelegation einzuladen. Diese sollte
Vertreter der US-Wirtschaft und ihren Organisationen
über die Entwicklung der DDR informieren. Die Einladung würde vom New Yorker *World Trade Institute* und
der *American Management Association* kommen. Ich signalisierte Interesse und sagte eine Antwort zu, sobald eine
offizielle Einladung vorläge.

Im Frühjahr 1972 meldete sich ein Mitarbeiter der US-
Gesandtschaft in Berlin-West und bat um einen Termin,
wann er eine Einladung überbringen dürfe. Das geschah
wenige Tage später. Man bat mich vor dem WTI und der
AMA zu referieren. Es bestünde außerdem die Möglichkeit, mit leitenden Vertretern großer Konzerne und Banken Einzelgespräche zu führen. Sodann sei eine Reise nach
Kalifornien vorgesehen, um dort ebenfalls vor Vertretern
der Wirtschaft Vorträge zu halten.

Für die Vorbereitung der Reise stünden von amerikanischer Seite zwei Herren zur Verfügung, erklärte der Über-
bringer der Einladung, die würden sich um alle organisa-
torischen Aufgaben kümmern und die Delegation auf der
Reise begleiten.

Gast der American Management Association in New York, 1972. Der Berliner Tagesspiegel *berichtete am 18. November, dass das Ereignis größer sei, als es den Anschein habe. Der »Manager aus der DDR« spreche in Ziffern, doch die Botschaft laute:* »Wir sind ein kleines Land, aber wir sind wer.« *Der Sprecher sei* »kein Bittsteller«. »Und als er sich zum Mittag entschuldigte, ging er zu einem Essen mit David Rockefeller, dem Vorsitzenden und Großaktionär der Chase Manhatten Bank.«

Ich dankte für die Einladung und sagte eine Antwort zu. Ich informierte Willi Stoph, den Vorsitzenden des Ministerrates, der mich nach einigen Tagen wissen ließ, dass ich die Einladung annehmen solle.

Die amerikanische Seite schlug als Reisebeginn den 16. November 1972 vor, die Reisedauer würde dreizehn Tage betragen. Ich nahm den Vizepräsidenten der Außenhandelsbank, Dr. Werner Polze, der Leiter des Bereichs Übersee im Ministerium für Außenhandel, Arndt Schönherr,

Erstaunen in der West-Presse, November 1972

sowie drei weitere Mitarbeiter des Ministeriums für Außenhandel mit in die Delegation.

Vor der Abreise bat mich der amerikanische Gesandte in Berlin-West zu einem Gespräch, in welchem er mir einige Hinweise gab, wie wir uns verhalten sollten, damit es keine »Probleme« gäbe und übergab mir die Visa zur Einlage in den DDR-Pass.

Unser Begleiter war Mr. Staffort, der im Auftrag einflussreicher Wirtschaftskreise und auch von Regierungsorganen den Erstkontakt hergestellt hatte.

Am ersten Tag unseres Aufenthalts in New York referierte ich vor Mitgliedern der American Management Association. Ein halbes Hundert große Konzerne der Chemie, der Ölindustrie und bedeutende Handelshäuser war vertreten.

Ein sicher uns nicht wohlwollender Journalist des *Tagesspiegel* Berlin und auch andere Korrespondenten deutscher Wirtschaftszeitungen und US-Presseerzeugnisse berichteten relativ sachlich darüber. Im Anschluss an das »Seminar« fanden Einzelgespräche zwischen Vertretern von US-Konzernen und Delegationsmitgliedern statt. Die Gespräche offenbarten eine erstaunliche Unkenntnis über die Verhältnisse in Europa, nicht zu reden von der DDR.

Wir luden sie zur Leipziger Messe ein, damit sie sich selbst ein Bild von der DDR machten. Zur Leipziger Frühjahrsmesse 1973 waren sie da. Die AMA lud zu einem Empfang. Die meisten Amerikaner waren zum ersten Mal in Leipzig und erklärten ihr Erstaunen.

Gespräch im UNO-Hauptquartier

Der Präsident der UNO-Vollversammlung, Stanisław Trepczyński (rechts), empfing am Freitag, wie bereits berichtet, den Staatssekretär im Ministerium für Außenwirtschaft der DDR, Dr. Gerhard Beil, im Hauptquartier der Vereinten Nationen
Foto: ADN-ZB/UPI-Tele

Auch das gehörte zum politischen Programm. Bekanntlich wurde die DDR erst 1973 in die UNO aufgenommen. Über die Visite beim Präsidenten der Vollversammlung berichtete das Neue Deutschland *am 20. November 1972*

Neuerliches Treffen mit David Rockefeller, Dezember 1975

In New York, im November 1972, folgte ich der Einladung des Präsidenten der Chase Manhattan Bank, David Rockefeller, zu einem Gespräch mit anschließendem Mittagessen. Rockefeller hatte in amerikanischen Wirtschaftskreisen großen Einfluss. Er erklärte die Bereitschaft seiner Bank, künftig Geschäfte zwischen US-Firmen und DDR-Außenhandelsbetrieben zu unterstützen und finanziell zu begleiten.

Auf Vorschlag der amerikanischen Seite fand sodann ein Gespräch mit dem Präsidenten der UNO-Generalversammlung, Stanislaw Trepczynski, im Hauptquartier der Vereinten Nationen statt. Trepczynski, nebenbei noch Polens stellvertretender Außenminister, begrüßte unseren Besuch, weil damit der negativen Berichterstattung über die sozialistischen Länder und speziell der DDR widersprochen werden könne.

Im Präsidium der AMA, die das Treffen durchführte, hatte ein uns nicht bekannter Herr Platz genommen, zu dem bei der Vorstellung wenig gesagt worden war. Seine Name lautete Jerome Ottmar. Wie wir später erfuhren, plane die AMA die Bildung eines Wirtschaftsausschusses USA-DDR. In Abstimmung mit amerikanischen Behör-

Gespräch in San Francisco mit Warner Heinemann, Präsident der Union Bank, November 1972

den sei die Wahl auf eben diesen Ottmar gefallen, er solle deren Präsident werden.

Ottmar war Unternehmer, nannte sich President of Amtal Inc. gehörte dem Industriellenverband an. Im Zweiten Weltkrieg hätte er in der Navy gedient und sei mit der Entwicklung von U-Booten befasst gewesen, hieß es. Wie sich später herausstellte, handelte es sich bei Ottmar um einen soliden und sachlichen Partner. Das sollte sich als Glücksumstand erweisen.

Bei nachfolgenden Treffen und Gesprächen an der amerikanischen Ostküste fanden wir unseren ersten Eindruck bestätigt: Die Kenntnisse von Europa waren mehr als dürftig selbst bei intelligenten, gebildeten Leuten. Der Außenhandel spielte für die meisten Amerikaner kaum eine Rolle, der eigene Binnenmarkt war riesig und genügte ihnen. Europa spielte für sie allenfalls in militär-strategischen Überlegungen eine Rolle, als mögliches Schlachtfeld mit den »Soviets« oder »Commies«, wie man die Sowjetunion und ihre Verbündeten nannte. Allerdings entsprachen wir persönlich keineswegs ihren Klischees.

The World Trade Institute
at the World Trade Center
the Port of New York

The World Trade Institute

Dr. Gerhard Beil

Having unselfishly shared his expertise
with participants of a seminar
at the
WORLD TRADE CENTER
is gratefully awarded this certificate
in recognition of his efforts
in the
Promotion of International Understanding
through Trade

NEW YORK

Zum Vortrag im 1973 fertiggestellten (und 2001 zerstörten) World Trade Center (WTC)

Anschließend flogen wir an die Westküste der USA, nach San Francisco. Dort schienen uns die Wissenslücken noch größer. Politisch und geschäftlich orientierten sich die meisten Unternehmen und Organisationen auf den Pazifikraum, der aus ihrer Sicht für die USA wichtiger war als das ferne Europa am anderen Ende der Welt. Dennoch zeigten sie Interesse und Neugier an unseren Darlegungen, was nicht nur der Höflichkeit geschuldet war. Sie waren wie die meisten Amerikaner.

»Seminar« bei der American Management Association (AMA). Handschriftlicher Dank des Chefs, A. R. Gale, für die »Unterrichtsstunde« durch einen bestens informierten und überzeugenden »Lehrer«, 29. November 1972

A "Chairmans' Dream" –
to combine a concerned, intelligent
audience with a superbly well informed
and articulate "leader."

My thanks for the "lesson."

A. R. Gale

Nov 29, 1972
New York, N.Y.

Orville Freeman, Präsident von Business International, führte Gespräche mit DDR-Ministerpräsident Horst Sindermann bei Gelegenheit einer Rundtisch-Konferenz von Business International, 6. Februar 1974

Wir knüpften an unsere Vorträge in New York an, über die die Wirtschaftspresse ausführlich berichtet hatte. Wir bekamen Gelegenheit, einflussreiche Vertreter der Wirtschaft Kaliforniens über die DDR und unsere Absichten zu informieren. Der Vorsitzende der Union Bank, einer der großen Banken der Westküste, hatte 1945 als Dolmetscher von US-Präsident Harry Truman in Potsdam gearbeitet. Dieser Warner Heinemann war sehr gut über die Entwicklung in Europa informiert. Kein Wunder: Er war in Hannover geboren und mit seinen Eltern in den 30er Jahren in die USA emigriert.

Heinemann war bereit, Firmen wie die Union Oil, eine große kalifornische Ölgesellschaft, TRW Inc., Lockheed Aircraft Corp. und Beckmann Instruments bei möglichen Geschäften finanziell zu beraten. Deren Chefs saßen bei uns im Auditorium. Heinemann hielt das gegebene Wort.

Seine Arbeit an der Westküste der USA war für die Beziehungen zwischen der USA und der DDR von beachtlichem Nutzen.

Im Laufe der Jahre zeigte sich die Bedeutung der Zusagen, die wir in New York und in San Francisco erhalten hatten. Bis 1980, also in weniger als zehn Jahren, wuchs der Warenaustausch auf 1.900 Millionen Valutamark an. Aber wesentlich war natürlich der Wegfall der Hemmnisse nach der Herstellung diplomatischer Beziehungen.

Von der Westküste kehrten wir nach New York zurück. Ich referierte, wie vereinbart, vor dem World Trade Institute im Welthandelszentrum, jenen zwei unlängst fertig gestellten Zwillingstürmen, die Manhattan wie eine Krone schmückten. Protzpimmel, sagte einer aus der Delegation, und das klang auch ein wenig neidisch. Mag sein, dass hier die Idee vom Internationalen Handelszentrum in der DDR-Hauptstadt geboren wurde.

In meine Ausführungen flossen Beobachtungen, Hinweise, Fragen und Argumente ein, die wir während unserer Reise aufgenommen hatten. Die sehr seriösen und qualifizierten Teilnehmer der Veranstaltung stellten viele Fragen. Am Ende sprachen wir eine Einladung in die DDR aus.

Im Februar 1974 fand in Berlin die dreitägige Konferenz zu Handel und Forschung mit US-Experten statt

Hochkarätig besetzte Konferenz der Gesellschaft für Wirtschaftsforschung und Handelsförderung in der DDR-Hauptstadt. V.l.n.r.: Staatssekretär Gerhard Beil, Ministerpräsident Horst Sindermann, Orville Freeman und Gerhard Schürer, Vorsitzender der Staatlichen Plankommission, 4. Februar 1974

Im Februar 1974 kamen sie. Die Gesellschaft für Wirtschaftsforschung und Handelsförderung »Business International« reiste mit vierzig Vertretern amerikanischer Gesellschaften zu einer dreitägigen Rundtisch-Konferenz an. Die Delegation wurde von Orville Freemann, Präsident von Business International, geleitet. Premierminister Horst Sindermann hieß die Abordnung im Ministerrat willkommen und führte auch die Eröffnungssitzung.

Die Amerikaner führten in den folgenden Tagen Gespräche mit Vertretern der DDR. Das sollte der Auftakt einer neuen Etappe der wirtschaftlichen Beziehungen zwischen der USA und der DDR werden, obwohl nach wie vor die CoCom-Liste die sozialistischen Länder und auch die DDR von der internationalen Wissenschafts- und Arbeitsteilung ausschloss. Auf der einen Seite bemühten sich die US-Konzerne, die Wirtschaftsbeziehungen zur DDR zu entwickeln, sie handelten unideologisch und

James Baker vom US-Handelsministerium führte sachliche Gespräche mit der DDR-Abordnung, Dezember 1975

wollten verkaufen und verdienen. Daher versuchten sie Druck zu machen. Ihre Regierung aber wechselte lediglich die Instrumente im Kampf gegen die DDR und die anderen sozialistischen Länder.

Wir konnten diesen elementaren Widerspruch geradezu greifen. Große und einflussreiche US-Konzerne bemühten sich im Interesse des Profits um normale Handelsbeziehungen zum Ostblock inklusive DDR, Teile der amerikanischen Regierung unterstützten sie sogar dabei. Gleichzeitig schuf und unterhielt diese Administration Einrichtungen, die das verhindern sollten. CoCom wurde nicht etwa abgeschafft, sondern fortlaufend erweitert. Erst 1994 beendete ein Auflösungsbeschluss der 17 Mitgliedsstaaten deren Tätigkeit.

Die DDR-Delegation bei ihrer Ankunft in New York, Dezember 1975

Diskriminierungsmaßnahmen begleiteten uns trotz partieller Fortschritte bis 1989.

Der Präsident von Business International lud uns nach der Konferenz im Februar 1974 erneut in die USA ein. Im Dezember 1975 flogen wir mit einer Wirtschaftsdelegation über den Großen Teich. Die Rahmenbedingungen waren besser als bei der ersten Reise drei Jahre zuvor. Inzwischen bestanden diplomatische Beziehungen zwischen der DDR und den USA, wir waren UNO-Mitglied, und in Helsinki hatten 35 Staats- und Regierungschefs ihren Namen unter die Schlussakte der Konferenz für Sicherheit und Zusammenarbeit in Europa gesetzt.

Seit der ersten Reise 1972 war der Außenhandelsumsatz mit den USA von etwa 200 Millionen auf 1.080 Millionen VM gestiegen.

In New York, der ersten Station dieser Reise, begrüßten uns Botschafter Prof. Rolf Sieber und Werner Lang, Leiter der Handelsvertretung sowie ein Vertreter des amerikanischen Wirtschaftministeriums. Dort fanden auch die ersten Gespräche statt. David Rockefeller, noch immer Präsident der Chase Manhattan Bank, machte Vorschläge, wie die DDR ihre kommerziellen Absichten besser bekanntmachen könnte. Übrigens war Rockefeller einer der wenigen Gesprächspartner in den USA, der Überlegungen zur Erhöhung der DDR-Einfuhren in die USA anstellte. Die meisten interessierte die DDR nur als Markt.

Die American Management Association erwies sich einmal mehr als geeigneter Gesprächspartner, um die Leipziger Messe in den USA bekanntzumachen. In den kommenden Jahren folgten viele Unternehmen der AMA in großem Umfange und bereicherten die Kollektivausstellung der USA in Leipzig.

An den Verhandlungen in Washington nahmen auch der Botschafter und der Handelsrat sowie der Vizepräsident der Deutschen Außenhandelsbank, Dr. Werner Polze, der Generaldirektor im Ministerium für Außenhandel, Siebold Kirsten, Dr. H. M. Geyer vom Außenministerium der DDR und die Generaldirektoren von Außenhandelsbetrieben und Kombinaten Gerhard Nietsche, Manfred Wolf und Helmut Schindler teil. Die Gespräche wurden im Watergate-Komplex geführt, dessen Geschichte uns durchaus vertraut war. 1972 hatten im dortigen Hauptquartier der Demokratischen Partei fünf Einbrecher Abhörwanzen zu installieren versucht und waren dabei erwischt worden. Diese hatten auf direkte Weisung aus dem Weißen Haus gehandelt, weil der dortige Amtsinhaber, der Republikaner Richard Nixon, sich um seine Wiederwahl bemühte und beim Mitbewerber spionieren wollte. Journalisten der *Washington Post* hatten die Sache öffentlich gemacht, und um einem Amtsenthebungsverfahren zu entgehen, war Nixon im August 1974 zurückgetreten. Seither saß Gerald Ford im Weißen Haus.

Shakehands mit dem Vorsitzenden des Wirtschaftsausschusses USA-DDR, Jerome Ottmar, nach einem Vertragsabschluss, März 1978

Wir hatten ein sachliches Gespräch mit Staatssekretär James Baker. Er war ein guter Zuhörer, aber gab nur unverbindliche Antworten. Das war Folge des Dilemmas der ideologiegesteuerten Handelspolitik der USA. Die Gerechtigkeit erfordert es mitzuteilen, dass nach geraumer Zeit jedoch auch Lösungen mit Kompromisscharakter gefunden wurden. Bei der CoCom-Liste aber blieben die USA beinhart. Dennoch: In unseren Gesprächen in Washington bekundeten viele Vertreter der Wirtschaft, der Banken und Diplomaten reges Interesse.

Der Botschafter der UdSSR in den USA, Anatolij Dobrynin, seit dreizehn Jahren bereits Botschafter in Washington, interessierte sich vor allem, welche Konzerne mit welchen Erzeugnissen am Handel mit der DDR teilnehmen wollten. Und er gab uns manch nützlichen Hinweis für die Verhandlungen mit US-Regierungsstellen. Besonders neugierig war er bezüglich des geplanten Wirtschaftsabkommens. Jerome Ottmar hatte mich am Tag meines Treffens mit Dobrynin über den Stand der Vorbereitungen informiert.

Das Büro für Ost-West-Handel im amerikanischen Ministerium für Handel und die amerikanische Botschaft in Berlin hätten ihn ermutigt, möglichst schnell Voraussetzungen für die Bildung des Wirtschaftsausschusses zu schaffen. Gesellschaften wie Dow Chemical, DuPont, Union Carbide, Control Data, Union Oil, Amtel und andere große Firmen hätten ihre Bereitschaft erklärt, aktiv daran und darin mitzuwirken. Drei Firmen unterhielten bereits Büros in Berlin, und weitere acht Firmen waren regelmäßig mit repräsentativen Ständen auf der Leipziger Messe. Wir unterstützten Ottmar, indem Vertreter von Außenhandelsbetrieben mit diesem Firmen die Kontakte erweiterten.

Wie schon 1972 schlug uns das Handelsministerium auch diesmal vor, in Kalifornien die Gespräche weiterzuführen. Die einflussreiche Union Bank mit ihrem Präsidenten Harry J. Volk und dem Vizepräsidenten Warner Heinemann bereiteten die Beratungen mit Vertretern der

Gespräch mit der Stellvertreterin des Ministers für Außenhandel der USA, Mrs. Seideman, in Leipzig, 1980

kalifornischen Wirtschaft vor. Wir fanden inzwischen eine andere Haltung gegenüber der DDR vor.

An der Ostküste, vor allem in New York, hatte es starke Vorbehalte gegen uns gegeben, die nicht nur auf Unkenntnis beruhten. Es war auch ein Reflex auf BRD-Darstellungen und Folge unterschwelliger Propaganda gegen die DDR. Das DDR-Bild in den US-Medien wurde vor allem von der Darstellung in den Medien der BRD bestimmt. Die Öffentlichkeitsarbeit der Botschaft der BRD hatte ebenfalls ihr Scherflein daran. Die Wirtschaftskreise der Ostküste hatten traditionell Beziehungen zu Europa und nahmen dieses negative Bild ohne Widerspruch auf. Das führte zunächst zu großen Vorbehalten, die erst überwunden werden mussten.

Anders an der Westküste. Dort las man die Zeitungen von der Ostküste nicht, es gab wenig Vorbehalte uns gegenüber, höchstens Unwissen über das weit entfernte Europa mit seinen kleinen und wenigen großen Staaten. In den Gesprächen überwog die Neugier, Authentisches zu erfahren.

Man habe die wirtschaftlichen Beziehungen zu Europa zu lange der Ostküste überlassen, hieß es in den Gesprächen mit dem Präsidenten der Union Oil Company of California, Fred L. Harley, und dem der Lockheed Aircraft Corp., Carl Kotchian. Auch der Vizepräsidenten von TRW Inc. teilte diese Auffassung. Der Generaldirektor des VEB Petrolchemisches Kombinat Schwedt, Werner Frohn, Siebold Kirsten, Generaldirektor im MAH und Helmut Schindler, Generaldirektor von Transinter, hörten das Gleiche.

Ein Teil dieser kalifornischen Gesellschaften sollte 1977 Mitglied des Wirtschaftsausschusses USA-DDR werden.

Diese Reise vermittelte uns weitere Einsichten. Ein Land von der Größe der USA konnte mit einem Staat wie

Eine DDR-Abordnung bereist die USA, 1981. Fünfter von links Generaldirektor von Carl Zeiss Jena, Wolfgang Biermann

der DDR, mit den 17 Millionen Einwohnern, nur selektive Marktarbeit leisten. Das war eine Erkenntnis, die das USA-Desk im Ministerium für Außenhandel gemeinsam mit den Außenhandelsbetrieben in Angriff nahm.

Nach den Beratungen im Dezember 1975 in Washington und dem Abschluss des ersten Handelsabkommens USA-DDR geschah 1976 einiges. Die USA beteiligten sich mit Kollektivausstellungen an den Leipziger Messe 1976 und 1977. Große Firmen präsentierten sich mit Einzelausstellungen in den Messehallen. Export- und Importverträge wurden geschlossen, was zu einer bedeutenden Erhöhung des Warenaustausches führte. Die Außenhandelsbetriebe der DDR blieben in regelmäßigem Kontakt mit US-Abnehmern und Lieferanten.

Jerome Ottmar versuchte amerikanische Gesellschaften für eine Mitarbeit im geplanten Wirtschaftsausschuss USA-DDR zu gewinnen. Im September 1976 fanden seine letzten Vorbereitungsgespräche mit den Präsidenten der Gesellschaften statt, die Mitglieder des Wirtschafts-

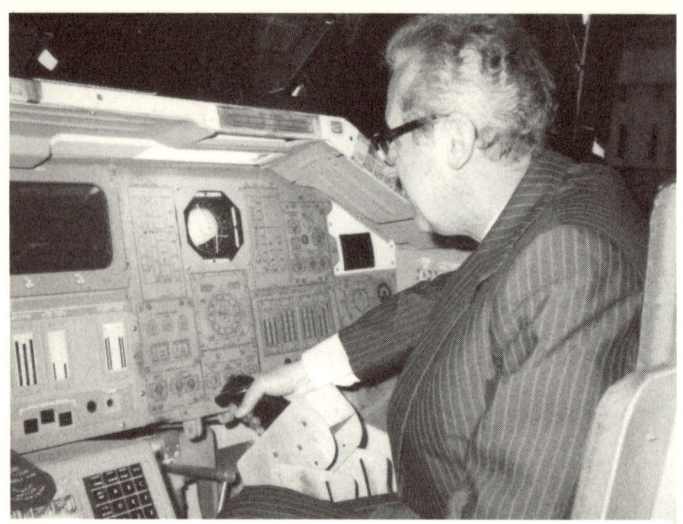

Houston: im Cockpit eines Space-Shuttles, 1981

ausschusses werden sollten, statt. Der USA-Ausschuss wurde durch dieses Gremium in seiner Zusammensetzung bestätigt.

Während meines neuerlichen Aufenthaltes in Washington konferierte ich mit dem Landwirtschaftsminister, dem Handelsminister und dem Staatsekretär im Außenministerium über Getreideeinkäufe der DDR 1977 bis 1980.

Noch während meines Aufenthaltes erließ Präsident Ford die Verfügung, dass ab sofort DDR-Schiffe amerikanische Häfen anlaufen durften, was ihnen bisher versagt worden war.

In der Zeit zwischen dem 9. und dem 16. Mai 1978 fanden in den USA erstmals ökonomisch-technische Tage der DDR statt. Sie standen unter der Schirmherrschaft der Handels- und Wirtschaftsräte DDR-USA und USA-DDR. Aus diesem Anlass erschien die Publikation *Special Issue of The German Democratic's 1st Economis/Technological Congress in the USA*, und zwar als *American Revue of*

Touristisches Programm mit interessanten Ausblicken, 1981

East-West-Trade. Industry's Guide To The East European Market. Als Geleitswort hatte man die Grußbotschaft von Präsident James »Jimmy« Carter an die Frühjahrsmesse 1978 in Leipzig genommen: »Im Namen des Volkes der Vereinigten Staaten überbringe ich Grüße und die Hoffnung auf eine Weiterentwicklung der Zusammenarbeit und des Verstehens zwischen den Vereinigten Staaten und der Deutschen Demokratischen Republik.«

Der Herausgeber dieser Zeitschrift, Louis F. Sharpe, überschrieb seinen Editorial mit: »Es ist Zeit, den Handel zwischen den USA und der DDR zu normalisieren!«

In New York, Chicago und Los Angeles gab es eine Veranstaltungsreihe. Erstmals hatten US-Geschäftsleute, Bankiers, Manager verschiedener Ebenen und auch Wissenschaftler die Möglichkeit, sich mit bestimmten Errungenschaften der DDR-Volkswirtschaft vertraut zu machen und einen Blick in die Leistungsfähigkeit unserer Wirtschaft zu erhalten.

Anlässlich der ersten ökonomisch-technischen Tage der DDR in den USA reiste eine Regierungsdelegation unter meiner Leitung in die USA. In Washington berieten wir mit Vertretern der US-Regierung und der Wirtschaft über den Ausbau der Gesamtbeziehungen zwischen beiden Staaten. Ich sprach mit dem Minister für Landwirtschaft, Carol Foreman, mit dem Staatssekretär im Handelsministerium, Dr. Sidney Harman, der zur erwähnten Publikation einen Beitrag geliefert hatte. »Unser großes Ziel – die volle Normalisierung unserer bilateralen Beziehungen in einer friedvollen Welt« lautete seine These. Ich sprach ferner mit dem Staatssekretär im State Department, Newman, der stellvertretenden Außenministerin, Patricia Derian, sowie mit dem Vorsitzenden des Aufsichtsrates der Chase Manhattan Bank, David Rockefeller, dem Präsidenten der *Radio Corporation of America* (RCA), Edgar H. Griffiz, dem Präsidenten von Philipps Brothers, David Tandler, und anderen Persönlichkeiten.

Der Handels- und Wirtschaftsrat USA-DDR erstmals in der DDR, 1978

Danach gründete eine Gruppe amerikanischer Firmen eine Organisation zur Entwicklung und Förderung des Handels zwischen der USA und der DDR. Nach Abstimmung mit dem US-Handelsministerium nannte man dieses Gremium »US-GDR Trade and Economic Council« (Handels- und Wirtschaftsrat USA-DDR).

In dem Rat waren vertreten: Allis Chalmers Corporation, American International Underwriters Corporation, Amtel Inc., Associated Metals and Minerals Corp., Bank of America, Chase Manhattan Bank, CocaCola Co., Control Data Corp., Dow Chemical Corp., Engelhard Minerals and Chemicals Corporation, Farrel Conneticut Division – USM Corporation, Honeywell Inc., National Machine Tool Builders Assn., RCA, Rockwell International Corp., Standard Oil Co. (Indiana), Alfred C. Toepfer International Inc., Union Bank, Union Oil Company of California und USM Corp. Diese großen Gesellschaften, die in ihren Branchen das Niveau mitbestimmen, waren weltweit tätig und hatten großen Einfluss auf die staatlichen Regelungen in Wirtschaftsfragen in den USA.

Vorsitzender des Rates wurde, wie erwartet, der President of Amtel Inc., Jerome Ottmar.

Zur gleichen Zeit konstituierte sich in der DDR ein Handels- und Wirtschaftsrat DDR-USA, der 23 Mitglieder zählte, darunter leitende Vertreter der Außenhandels- und Exportbetriebe der DDR, sowie der Vizepräsidenten der Außenhandelsbank, Dr. Werner Polze. Mir wurde die Leitung des DDR-Rates übertragen.

1978 unterzeichneten die Vorsitzenden der beiden Ausschüsse in Berlin Arbeitsprogramme für den Zeitraum bis 1979 und danach im Mai 1979 ein Arbeitsprogramm bis 1981. Die Initiative der USA zur Gründung des Handels- und Wirtschaftsrates USA-DDR und die Vielzahl großer amerikanischer Gesellschaften als Mitglieder des Wirtschaftsrates machte das beachtliche Interesse der amerikanischen Seite sichtbar. Dieses Interesse der USA an wirtschaftlichen Beziehungen zur DDR war – im Verhältnis zu ihrem Interesse an anderen sozialistischen Ländern, ausgenommen die Sowjetunion – deutlich überdimensioniert.

Die USA förderten und unterstützten die wirtschaftlichen Beziehungen zur DDR, ohne dass jedoch eine grundlegende Änderung in ihrer Haltung zur Deutschlandfrage eintrat, und ohne Abstriche an der Embargo-Politik des CoCom zu machen. Auch die Meistbegünstigung wollte die US-Regierung nur im Zusammenhang mit der Lösung der aus ihrer Sicht offenen »Menschenrechtsfragen« in der DDR gewähren.

Eine der ersten sichtbaren Ergebnisse der Arbeit des Wirtschaftsausschusses USA-DDR bestand darin, dass wir im Juni 1977 Büros von Außenhandelsbetrieben in den USA einrichten durften. Damit konnte eine bessere Marktarbeit und ein schnellerer und sicherer Kundendienst für die Käufer unserer Maschinen erfolgen.

Für die DDR war das trotz aller Abstriche von Nutzen, weil sich damit unsere Position gegenüber anderen kapitalistischen Industrieländern wie BRD, Großbritannien, Frankreich, Japan und Kanada verbesserte.

Die Ergebnisse der Arbeit des Handels- und Wirtschaftsrates wollte das USA-Handelsministerium auch mit anderen sozialistischen Ländern erreichen. Mrs. Seideman, stellvertretende US-Handelsministerin, besuchte in Begleitung des Vorsitzenden des Wirtschaftsrates 1980 die Herbstmesse und konferierte mit uns in Berlin über neue Entwicklungen im internationalen Handel. Das war eine Würdigung der Tätigkeit des Handels- und Wirtschaftsrates, der zunehmend für US-Firmen attraktiv wurde.

Die Sitzungen der Handels- und Wirtschaftsräte nutzte die amerikanische Seite, um die DDR-Delegation mit neuen Partnern, die an wirtschaftlichen Beziehungen

Jerome Ottmar, Vorsitzender des Wirtschaftsausschusses USA-DDR, Leipziger Frühjahrsmesse 1979

mit der DDR interessiert waren, bekannt zu machen. 1981 lud uns die amerikanische Seite ein, das amerikanische Raketen-Zentrum in Houston zu besuchen. Unserer Delegation gehörte auch der Generaldirektor von Carl Zeiss Jena, Dr. Wolfgang Biermann, an. Das Kombinat war am sozialistischen Kosmosforschungsprogramm mit Zulieferungen beteiligt. Aus Jena kam zum Beispiel die Multispektralkamera. Biermann war sehr interessiert, dass Space Shuttle von außen und innen sehen zu können. Jerome Ottmar gelang es, uns diese Türen zu öffnen.

Die Arbeit des Handels- und Wirtschaftsrates USA-DDR und seine umfangreiche Öffentlichkeitsarbeit führten zu steigender Nachfrage von Werkzeug- und polygrafischen Maschinen und Erzeugnissen von Carl Zeiss Jena. Eine gut funktionierende Absatzorganisation der DDR unterstützte die Arbeit. Für den Absatz von Werkzeugmaschinen wurde 1978 ein Kundenstützpunkt mit Service-aufgaben gegründet, daraus entwickelte sich in den 80er Jahren eine gemischte Gesellschaft, die Exportverträge abschloss und den Service sicherte. Diese Gesellschaft existiert heute noch und unterstützt den Export von Werkzeugmaschinen aus den ehemals sozialistischen Staaten. Der Leiter von damals ist als Angestellter des neuen Eigentümers seit Jahrzehnten in den USA tätig.

Während der Gespräche mit Industriellen und Vertretern der Regierung wurden wir auch mit der eigenen Geschichte konfrontiert. Im Mai 1985 fand in Washington eine weitere Sitzung des Handels- und Wirtschaftsrates USA-DDR und DDR-USA statt. Der erste Vorsitzende der amerikanischen Seite, Jerome Ottmar, wurde Ehrenvorsitzender und ein neuer Vorsitzender gewählt. Dieser war der Vorsitzende des Chemie-Konzerns Dow Chemical und Mitglied des Präsidiums von AMA, sein

September 1980: Unterzeichnung eines weiteren Handelsvertrages mit den USA

Die drei US-Botschafter in der DDR zwischen 1974 und 1985, die zur Verabschiedung Ottmars kamen, 1985

Name: Robert W. Lundeen. Am Ende der Sitzung beider Handels- und Wirtschaftsräte wurde ein neues Abkommen mit einer Laufzeit bis 1987 unterzeichnet.

Der Außenhandelsumsatz hatte sich seit der Gründung der Handels- und Wirtschaftsräte verdoppelt.

Zur Verabschiedung von Ottmar hatte das US-Außenministerium alle Botschafter, die seit der Anerkennung der DDR durch die USA in Berlin die USA vertraten, eingeladen. Regierungsvertreter dankten Jerome Ottmar und den Mitgliedern der Handels- und Wirtschaftsräte und sagten dem neuen Vorsitzenden alle Unterstützung zu.

Lundeen besuchte in Begleitung seines Vorgängers Ottmar 1986 die Leipziger Frühjahrsmesse. Während des Rundganges der Staatsführung der DDR begrüßte ihn Honecker. Ottmar und der US-Botschafter nahmen an dem Gespräch teil. Honecker verlieh seiner Erwartung Ausdruck, dass die Arbeit des Ausschusses USA-DDR

Gespräche mit Wirtschaftskapitänen aus den USA, Zweiter von rechts Mr. Jesselsohn

unter seinem neuen Vorsitzenden die erfolgreiche Arbeit fortsetze.

Die Gründung des Handels- und Wirtschaftsausschusses USA-DDR und DDR-USA, die Mitgliedschaft großer Firmen im Ausschuss und die aktive Arbeit seines Vorsitzenden Jerome Ottmar verstärkten die wirtschaftlichen Aktivitäten zwischen der USA und der DDR. Große Konzerne nahmen regelmäßig an der Leipziger Messe teil. Arbeitsprogramme halfen, neue Gebiete einzubeziehen. Manchmal wurde das auch mit Wünschen verbunden, die in der deutschen Geschichte wurzelten. Während der 3. Tagung des Handels- und Wirtschaftsrates im Mai 1979 in Washington sprach mich ein Mr. Jesselsohn an, den ich bei der Tagung 1978 in Leipzig kennengelernt hatte. Er sei 1921 in Erfurt in Deutschland geboren, seine Eltern und Vorfahren hätten seit Generationen in Erfurt gelebt und dort eine namhafte Firma besessen, die Blumensamen produzierte. Die Familie flüchtete 1934 aus Deutschland und ließ sich in den USA nieder. Dort hätten sie sich eine neue Existenz aufgebaut. Er besitze heute eine Metallhandelsgesellschaft und sei der Präsident des Unternehmens.

Wie sich später herausstellte, war sein Unternehmen eines der größten seiner Art in den USA.

Jesselsohn hatte die Leipziger Messe besucht und von dort aus versucht, nach Erfurt zu reisen, um die Gräber seiner Familie zu besuchen. Das sei nicht möglich gewesen. Ob ich ihm helfen könne?

Ich machte keine Zusage, bat ihn aber, bei seinem nächsten Aufenthalt in Leipzig zu mir zu kommen. Im Herbst 1979 erschien er, ich hatte in der Zwischenzeit mich mit den zuständigen Behörden abgestimmt. Ein Mitarbeiter begleitete ihn nach Erfurt. Tage später bedankte er sich überschwänglich für die Möglichkeit. Aber, so sagte er, die Friedhofsverwaltung plane diesen Teil des Friedhofs zu schließen. Das war's.

Für mich war die Angelegenheit erledigt.

Zur nächsten Leipziger Frühjahrsmesse kam er wieder und berichtete, dass seine Firma dem Handels- und Wirtschaftsrat USA-DDR angehöre und er gute Kontakte zu Außenhandelsbetrieben der DDR habe. Er hätte nun eine Bitte: Wenn das Grab seiner Ahnen in Erfurt aufgelöst werde, möchte er den Grabstein kaufen und ihn mit in die USA nehmen. Ob so etwas möglich sei?

Ich hatte keine Ahnung. Mitarbeiter von mir hatten schon viele Anfragen bekommen, aber noch nie eine nach uralten Grabsteinen. Der Friedhof und die Stadtverwaltung in Erfurt waren jedoch damit einverstanden. Er bekam den Stein und ließ ihn in die USA überführen.

Jesselsohn wurde ein zuverlässiger Partner des Außenhandels der DDR, der bei den Treffen des Handels- und Wirtschaftsrates USA-DDR immer wieder auf die Grabsteinsache zu sprechen kam. Dank seiner Verbindungen wiederum stellte Jesselsohn für den Präsidenten der

*Treffen mit Anatoli Dobrynin, von 1962 bis 1986
Botschafter der UdSSR in den USA, 1975*

Außenhandelsbank, Dr. Werner Polze, einen Kontakt zu einer der größten Investmentgesellschaft der USA her. Kein anderes sozialistisches Land verfügte in den späten 70er Jahren über solch exzellente Kontakte zu großen jüdischen Finanzgesellschaften wie wir.

Die Reise 1988 des Politbüro-Mitgliedes Hermann Axen, der Auschwitz überlebt hatte, blieb ergebnislos. Seine Gespräche mit dem Außenminister, dem Handelsminister und Rabbiner Miller vom JCC brachten nichts.

An der Leipziger Herbstmesse 1989 nahmen die USA teil. Der Ehrenvorsitzende des Handels- und Wirtschaftsrates, Jerome Ottmar, verabschiedete sich bei uns in aller Form. Es war erkennbar, dass große Veränderungen bevorstanden, aber nicht, wie sie sein würden. Wir hatten in gemeinsamer Tätigkeit Erfahrungen gesammelt, die möglichst erhalten werden sollten. Die Geschichte und die verantwortlichen Menschen haben anders reagiert.

Die Wirtschaftsbeziehungen mit Kanada waren in dem ersten Jahrzehnt der DDR sporadisch. Das machen auch die Zahlen im Statistischen Jahrbuch sichtbar. 1960 betrug der Umsatz zwölf Millionen VM, zehn Jahre später waren es 35 Millionen. Es gab Drittländer mit Tochtergesellschaften kanadischer Firmen, die mit uns Handelsbeziehungen unterhielten. Das schlug sich in den Bilanzen jener Länder nieder, in denen diese Unternehmen ihren Sitz hatten. Das war für diese Zeit verständlich, die Entfernung war groß, die Kenntnisse auf beiden Seiten nicht umfangreich.

Die diplomatische Anerkennung der DDR durch Kanada erfolgte am 1. August 1975. Kanada war damit nach den USA (4. September 1974) das letzte der kapitalistischen Länder, mit dem wir Botschafter austauschten. Das heißt: In Kanada richtete die DDR keine eigene Botschaft ein. Diese Aufgabe übernahm der DDR-Botschafter in den USA. Er wurde in Kanada zweitakkreditiert und reiste in Abständen in die kanadische Hauptstadt, um dort Gespräche zu führen.

Im Juni 1982 teilte mir unser Handelsrat in den USA, Roland Haufe, mit, dass er von einem kanadischen Minister angerufen worden sei. Die kanadische Botschaft lag gegenüber der DDR-Vertretung. Haufe empfing ihn zum erbetenen Gespräch. Der Kanadier stellte sich vor als Dr. Horst A. Schmidt, Wirtschaftsminister der Regierung des Bundesstaates Alberta. Er stammte aus Deutschland. Schmidt lud Haufe nach Edmonton ein.

Im Oktober 1981 reiste ich, wie schon berichtet, mit einer Delegation in die USA, der auch Handelsrat Haufe angehörte. Er berichtete über Schmidt und schlug mir vor, diesen zum Besuch der Leipziger Frühjahrsmesse einzuladen. So geschah es.

1982 besuchte Schmidt die DDR, nun lernte ich ihn persönlich kennen. Schmidt war gut auf unser Gespräch vorbereitet und unterbreitete einige Vorschläge für eine Ausweitung der wirtschaftlichen Beziehungen zwischen beiden Staaten. In fließendem Deutsch, bayerisch eingefärbt, erzählte er, dass er als Junge mit seinen Eltern nach Kanada ausgewandert sei. Jetzt sei er Wirtschaftsminister von Alberta und unterwegs, um wirtschaftliche Beziehungen auszubauen.

1981 hatten wir mit Kanada zwar diplomatische, aber keine Vertragsbeziehungen, die einem Warenaustausch die notwendige Sicherheit gaben. Ich erklärte ihm, dass der Abschluss eines Handelsabkommens die Realisierung seiner Vorschläge unterstützen würde.

Schmidt sagte zu, die angestrebten Beziehungen vertraglich abzusichern.

Anfang der 80er Jahre hatte die UdSSR eine schlechte Getreideernte und konnte uns die üblichen Mengen nicht liefern. Drei große Exportländer gab es für Getreide: Australien, USA und Kanada. Wir mussten in diesen Ländern unseren Bedarf decken.

Das Außenhandelsunternehmen Nahrung begann 1982 Verhandlungen mit dem Canadian Wheat Board, um eine Million Tonnen Getreide zu kaufen. Auf Grund der Bedeutung des Getreideexports leitete ein Staatsminister das Board. Schmidt beförderte die Verhandlungen, indem er zur Finanzierung des Geschäfts Verhandlungen unserer Außenhandelsbank über einen vom Staat Kanada geförderten Kredit zu günstigen Bedingungen unterstützte. Das klappte. Der Mann war gut.

Und als Calgary, eine Stadt im kanadischen Bundesstaat Alberta, den Zuschlag für die Ausrichtung der XV. Olympischen Winterspiele 1988 erhielt, traten wir auf den Plan. Die DDR besaß für den Bau künstlich beeister Bob- und Rennschlittenbahnen in Oberhof und Alten-

Am Stand von Kanada begrüßt der Wirschaftsminister von Alberta, Dr. Horst A. Schmidt, das DDR-Staatsoberhaupt, Herbstmesse 1985

berg einen guten Ruf. Wir hatten aber auch zwei erfahrene und leistungsstarke Konkurrenten – DEYLE in Stuttgart und Jan Steler in Marseille.

Wir luden Schmidt und eine Delegation aus Alberta in die DDR ein und zeigten ihnen unsere Anlagen.

Das war insofern wichtig, als – wie erwartet – Protest aus Stuttgart kam, nachdem das Organisationskomitee für die Vorbereitung der Olympischen Winterspiele (OCO) sich für uns als Auftragnehmer entschieden hatte.

Das Kombinat Luft- und Kältetechnik Dresden war ein bekannter Anbieter mit internationalen Beziehungen. Es trat in Kanada als ILKA Group, Dresden auf. Der Außenhandelsbetrieb Technocommerz war zuständig für den Export der Anlagen. Ein leitender Mitarbeiter vom Außenhandelsbetrieb Technocommerz, Gottfried Reim, der Schmidt in der DDR begleitet hatte, wurde mit der Leitung des Projektes, das sehr große internationale Bedeutung besaß, beauftragt. Für uns war die Anlage ein Prestigeobjekt auf dem nordamerikanischen Kontinent.

Im März 1986 fanden auf der Bahn die erforderlichen Testläufe statt, im Februar 1987 der erste World Cup und schließlich im Februar 1988 die XV. Olympischen Winterspiele.

Die Bob- und Rodelsportler der DDR brachten von dieser Bahn drei Goldmedaillen, vier Silbermedaillen und zwei Bronzemedaillen mit nach Hause. Die Bahn ist heute noch in Betrieb und wird regelmäßig genutzt.

Als die Partei, die Minister H. Schmidt in die Regierung berufen hatte, bei der Wahl Mitte der 80er Jahre nicht mehr im Parlament vertreten war, wollte die Nachfolgeregierung ihn mit seinen internationalen Erfahrungen weiter einsetzen. Sie ernannte ihn zum »Generalbe-

Ministerpräsident Willi Stoph am kanadischen Kollektiv-Stand auf der Herbstmesse in Leipzig, 1987

vollmächtigten der Regierung von Alberta für Handel und Tourismus«.

In dieser Funktion engagierte er sich für das Observatorium von Alberta. Die Zeiss Werke in Jena durften den Namen Carl Zeiss Jena in Nordamerika nicht benutzen, weshalb es dem Kombinat unmöglich war, dort aufzutreten. Den Auftrag zur Ausrüstung des Observatoriums erhielten wir trotzdem.

Es folgten kleinere, nicht so spektakuläre Objekte, etwa die Lieferung von Bier nach Kanada.

Zwei Episoden sind mir noch in Erinnerung.

Während eines Messebesuchs kam Schmidt mit einem ungewöhnlichen Wunsch zu mir, dem Atheisten.

Die Lutherische Gemeinde in Alberta sei ohne Hirten, sagte Schmidt. Ob die DDR nicht einen Pfarrer nach Edmonton schicken könnte?

Die DDR würdigte den Einsatz von Horst A. Schmidt am Rande der Herbstmesse von 1989 mit dem »Stern der Völkerfreundschaft«

zur Überreichung des durch den Vorsitzenden
des Staatsrates
der Deutschen Demokratischen Republik

an

Herrn Dr. h. c. Horst A. Schmid
Minister a. D., Generalbevollmächtigter
für Handel und Tourismus der
Provinzregierung Alberta, Kanada
verliehenen Ordens

"Stern der Völkerfreundschaft" in Gold

durch den Minister für Außenhandel der DDR
Dr. Gerhard Beil

am Donnerstag, dem 7. 9. 1989, um 16.00 Uhr
im Hotel Astoria, Steinsaal
Leipzig

Nachdem sich mein Erstaunen gelegt hatte, leitete ich den Wunsch an kirchliche Vertreter weiter. Ein DDR-Pastor reiste schon bald nach Kanada und ist 2010, nach einem Vierteljahrhundert, in seiner Gemeinde noch immer nicht nur wohl gelitten, sondern hoch geschätzt und verehrt.

Als Schmidt 1983 Dresden besuchte, um die Produktionsstätte für Kühlanlage für Bobbahnen zu besichtigen, schlugen ihm die Begleiter einen Besuch des Karl-May-Museums in Radebeul vor, ohne zu wissen, dass Schmidt Ehrenhäuptling eines Indianerstammes war. Schmidt, dem das völkerkundliche Museum sehr gefiel, schickte daraufhin eine Kollektion Indianerbücher nach Radebeul, was einige Schwierigkeiten bei der Einfuhr auslöste, wie

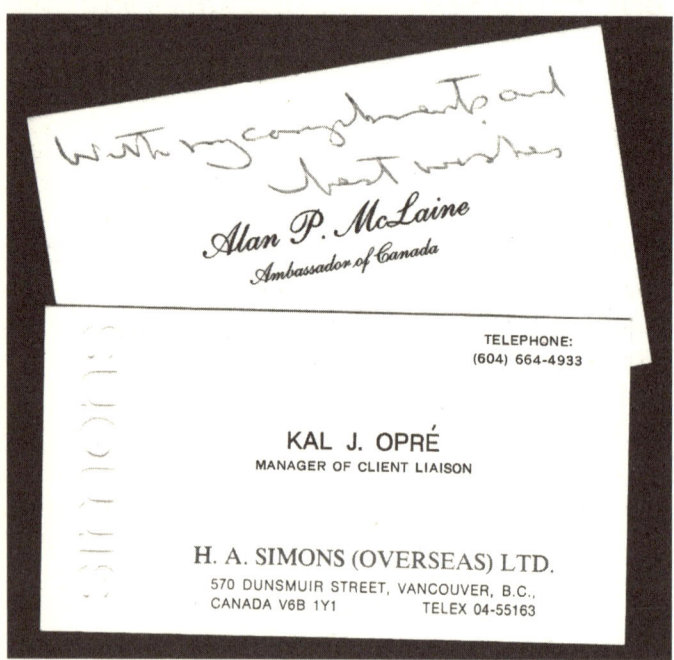

Die Zahl der Visitenkarten und Terminanfragen nahm ständig zu

*Unterzeichnung eines Handelsabkommens mit Kanada,
1983*

sich denken lässt. Es konnte jedoch alles geregelt werden.
Die Bücher gingen in den Bestand des Museums ein.

Die Zusammenarbeit mit Schmidt war für beide Seiten
von Vorteil. Die DDR bekam mit seiner Hilfe Zutritt
zum kanadischen Markt, und er gewann durch unser
Zutun den Ruf eines erfolgreichen Wirtschaftsministers
und Tourismusmanagers.

Auf der Leipziger Herbstmesse 1983 schlossen wir mit
Kanada zwei Handelsabkommen, eins über die Lieferung
von einer Million Tonnen Weizen und Gerste an die
DDR. Vertragsschließende Partner waren der Generaldi-
rektor des Außenhandelsbetriebes Manfred Wolf und der
Direktor des Canadien Wheat Board.

Das zweite war ein Handelsabkommen, das wechselseitig Meistbegünstigung gewährte. Unterzeichnet wurde das
Papier von Staatsminister Senator Hazen Argue und von

mir. 1987 wurde dieser Vertrag um weitere zwei Jahre verlängert.

Die Statistik für Kanada wies für 1985 bereits ein Handelsvolumen von 540 Millionen VM aus, 1980 standen wir noch bei 48 Millionen. Darin waren auch jene Million Tonnen Getreide enthalten.

Die wechselseitig befriedigenden Geschäfte, die in diesen wenigen Jahren getätigt wurden, führten immer mehr kanadische Aussteller auf der Leipziger Messe.

Bei seinem Rundgang auf der Herbstmesse 1985 begrüßte Erich Honecker Minister Schmidt am kanadischen Stand. Zwei Jahre später übernahm Ministerpräsident Willi Stoph diese Aufgabe.

Am 7. September 1989 erhielt Schmidt als Minister a. D. und Generalbevollmächtigter für Handel und Tourismus den »Stern der Völkerfreundschaft«.

Monate später gingen neun Jahre erfolgreicher Zusammenarbeit mit Kanada zu Ende, deren Ergebnisse noch heute mancherorts sichtbar sind.

Staatsbesuche

Nach der weltweiten Anerkennung der DDR und der Aufnahme diplomatischer Beziehungen änderte sich die Haltung in den kapitalistischen Ländern zur DDR keineswegs schlagartig. Über zwanzig Jahre hatten sie sich strikt an den Alleinvertretungsanspruch der westdeutschen Republik gehalten. Bonn reklamierte für sich, der einzige Rechtsnachfolger des Deutschen Reiches zu sein. Man unternahm alles, um diese Deutsche Demokratische Republik nicht zuzulassen, sie aus der Geschichte zu drängen. 108.000 Quadratkilometer waren dem Zugriff der in Deutschland herrschenden Klasse, die sich schon bald nach dem Krieg wieder sortiert hatte, entzogen. Das machte sie erst wütend, dann spöttisch und hochnäsig.

Die kleine Republik mit ihren kleinen Leuten berappelte sich und erhob sich aus den Trümmern. Es war mühevoll und mit Opfern verbunden, mit größeren als im Westen, weil dieses Land auch noch für den blutigen Krieg, den es nicht geführt hatte, teuer bezahlen musste. Hier fand das eigentliche deutsche Wirtschaftswunder statt. Der damals sehr konservative Historiker Sebastian Haffner brachte das Mitte der 60er Jahre auf den Satz, dass Walter Ulbricht, der erste Mann dieser DDR, der »erfolgreichste deutsche Politiker nach Bismarck und neben Adenauer« sei.

Zu dieser Einsicht fanden nur wenige. Die antikommunistischen Ressentiments blieben auch nach Anerkennung des Status quo in Europa in den kapitalistischen Staaten existent. Aber für die DDR endete mit der diplomatischen Anerkennung die totale Isolierung. Nicht wir hatten uns eingemauert, sondern der Westen hatte zwei Jahrzehnte lang dies mit uns getan.

Als wir auf die Weltbühne traten, sichtbar durch unseren Sitz in den Vereinten Nationen, hatten wir bald Botschaften in vielen Staaten – aber es fehlte der sogenannte Unterbau der Beziehungen: Beziehungen zu auswärtigen Organisationen, Parteien, Universitäts- und Hochschuleinrichtungen, zu Gesundheits- und Bildungseinrichtungen, Gesellschaften. Partnerschaften existierten entweder nicht oder nur ansatzweise.

In den wirtschaftlichen Beziehungen war das nicht ganz so dramatisch. Die in den 50er und 60 Jahren entstandenen Beziehungen gab es noch wie auch die Partner, mit denen wir sie pflegten. Sie unterstützten nunmehr die Entwicklung einer Zusammenarbeit auch auf anderen Feldern.

Zu den diplomatischen Beziehungen gehörte aber auch, dass sich die Verantwortungsträger persönlich kennenlernten.

Dass das Staatsoberhaupt der DDR endlich auch in kapitalistische Länder reiste, also Staatsbesuche absolvierte, lag auf der Hand. Doch dazu gab es zu Beginn der 70er Jahre keine Voraussetzungen. Reisen auf dieser Ebene waren nicht Selbstzweck, keine touristischen Ausflüge. Sie mussten politische Resultate bringen. Kaum möglich in einer Phase, als sich lediglich die Fenster und die Türen geöffnet hatten.

Und: Die Länder, die wir besuchen wollten, mussten sich auch besuchen lassen wollen.

Jahrelang blieben diesbezügliche Unternehmungen der DDR auf die sozialistischen Länder begrenzt.

Die aktuelle politische Führung besaß nur eine Innenansicht der DDR. Die Ulbricht-Generation hatte den Internationalismus der 20er Jahre, Exil und Emigration, die Internationalen Brigaden in Spanien und andere

Plätze in der Welt kennengelernt. Diese Politiker hatten Widerspruch bis zu offenen Hass unmittelbar erlebt, sie konnten mit anderen Positionen umgehen. Wenn die Nachfolgegeneration in die sozialistischen Hauptstädte fuhr, herrschte meist »völlige Übereinstimmung«. Und: Im Vergleich mit diesen Ländern mussten wir uns politisch und ökonomisch nicht verstecken.

Der uns bislang verschlossene andere Teil der Welt sah anders aus, roch anders, man ging anders miteinander um. Man lebte nach anderen Maßstäben, hatte andere Werte. Die Fassade war bunt, der erste Blick überwältigend. Nur wenn man genau hinschaute, sah man, dass Marx Recht hatte und Lenin sich nicht irrte: es war faulender, parasitärer, Menschen wie Ressourcen vernichtender Kapitalismus mit sozialen Problemen, die er nicht lösen konnte.

Österreichs Bundespräsident Rudolf Kirchschläger in der DDR. Zum Programm gehört die Übergabe des von Österreich errichteten Konverterstahlwerks, Oktober 1983

Staatsreisen unter den neuen Bedingungen boten Gelegenheit, die DDR von außen zu sehen. Man konnte vergleichen. Wo standen wir? Man konnte lernen.

Und natürlich war ein Staatsbesuch auch eine wirksame Außendarstellung, Propaganda für den Staat DDR. Die Medien vor Ort konnten das Land nicht nur schmähen, aus dem der Gast kam. Man war gehalten, sachlich zu informieren. Das wiederum weckte Interesse. Visiten dieser Art schufen Völkerbindendes, weiteten nicht nur den Blick des Reisenden, sondern auch die Blicke der Besuchten.

In den Gesprächen mit den Spitzenpolitikern konnten Themen beraten und Lösungen gefunden werden, die die politischen Apparate nicht so schnell lösen konnten.

Es wurden staatliche Abkommen und Vereinbarungen geschlossen, der Gastgeber konnte damit begründen, warum die Einladung ausgesprochen worden war. Jede Reise brachte ein Ergebnis, es musste nur das Richtige sein.

Mit offiziellen Besuchen wollten wir die jahrelange, einseitige Darstellung der DDR korrigieren und den zweiten deutschen Staat bekannt machen.

Wir wollten damit zeigen: Wir wollen als gleichberechtigter Partner die internationale Politik mitgestalten und unseren Platz dabei selbst bestimmen.

Wir wollten auf diese Weise bilaterale Aufgaben und Probleme lösen, zumindest Voraussetzungen dafür schaffen, wir wollten die Beziehungen in Wirtschaft und Handel, bei der Kultur, in der Bildung etc. konstruktiv mit anderen entwickeln.

Wir wollten den Unterbau diplomatischer Zusammenarbeit ausbauen in Verbindung mit gesellschaftlichen und politischen Einrichtungen.

Für die DDR waren diese Aufgaben besonders wichtig, weil sie durch die ständigen Versuche der BRD, die DDR

Erich Honecker zum Staatsbesuch in der BRD, September 1987

als gleichberechtigten politischen Partner zu verhindern, sehr spät ihren internationalen Status als souveräner Partner gewonnen hatte. Das waren die wichtigsten Ziele solcher Reisen, die stets mit bedeutenden zeitlichen Aufwendungen für die Vorbereitung verbunden waren.

Der Vorsitzende des Staatsrates der DDR, Erich Honecker, wurde in den 80er Jahren von elf kapitalistischen Staaten in Europa sowie von Japan, Mexiko und Algerien eingeladen. Allein in den Jahren 1985 bis 1988 fanden neun Staatsbesuche statt. Jedes Land, das Erich Honecker besuchte, hatte unterschiedliche Haltungen zur DDR.

Allen war gemeinsam, dass sie von Gründung der DDR bis 1972 – Finnland ausgenommen – keine normalen staatlichen Beziehungen zu uns unterhielten. Frankreich zählte zu den Kontrollratsländern und besaß damit einen Sonderstatus. Bei Belgien und Holland war das Verhältnis zu Deutschland durch zwei Weltkriege belastet. Die NATO-Mitgliedsländer Frankreich, Belgien, Holland, Italien, Griechenland und Spanien besaßen durch NATO-Ratsbeschlüsse ein gespanntes Verhältnis zur DDR.

Bei den Ausarbeitungen für die Programme der Reisen des Staatsoberhauptes der DDR musste das berücksichtigt werden. Die Impulse, die von einem Staatsbesuch ausgehen können, wurden genutzt, um Lösungen für diese Aufgaben zu finden. Bei allen Besuchen wurden bilaterale Abkommen mit dem Schwerpunkt »wirtschaftliche Beziehungen« unterzeichnet.

Folgende Reisen fanden statt:

November 1980:	Republik Österreich
Mai 1981:	Kaiserreich Japan
Oktober 1984:	Republik Finnland
April 1985:	Republik Italien
Oktober 1985:	Republik Griechenland
Oktober 1985:	Republik Zypern
Juli 1986:	Königreich Schweden
Juni 1987:	Königreich der Niederlande
Oktober 1987:	Königreich Belgien
September 1987:	BRD
Januar 1988	Republik Frankreich
Oktober 1988:	Königreich Spanien

Reisen von Staatsoberhäuptern finden statt, wenn der Stand der Beziehungen einen solchen Besuch rechtfertigt oder notwendig macht. Staatsbesuche vermitteln Botschaften über den Stand der Beziehungen, sind gleichzeitig Signale gegenüber Dritten und zeigen das Interesse der Einladenden.

Die politische Situation in der Welt in den 80er Jahren war nicht stabil. Die zweite Weltmacht, die UdSSR, hatte den Rüstungswettlauf, den ihr die USA aufgezwungen hatte, verloren. Das war noch nicht vollständig sichtbar, aber wer die Zeichen der Zeit analysieren konnte, wusste Bescheid. Die Probleme in der UdSSR würden Auswirkungen auf den Warschauer Pakt und damit auf die DDR haben. Mögliche Konflikte würden ganz Europa berühren. Darauf musste man sich einstellen.

Deutlich wurde das, als die Sowjetunion versuchte, den Besuch Honeckers in der BRD zu verhindern. Das gelang ihr 1983 und 1984. Beim dritten Anlauf, 1987, blieb Honecker hart.

Auffallend ist, dass in den Jahren 1985 bis 1988 das Staatsoberhaupt der DDR in NATO-Staaten eingeladen wurde. 1985 Italien und Griechenland, 1987 Holland und Belgien, 1988 Frankreich und Spanien. Dazu kamen Schweden und Finnland. In der Zeit nach der diplomatischen Anerkennung gab es zwölf Jahre lang keine Einladung aus NATO-Ländern. Die Konzentration auf zwei Jahre in der Mitte der 80er Jahre war kein Zufall.

Im gleichen Zeitraum, von 1985 bis 1988, fanden viele offizielle Besuche von Ministerpräsidenten und von drei Staatsoberhäuptern in der DDR statt.

Insgesamt machten der DDR ihre Aufwartung;

September 1977:	Urho Kaleva Kekkonen, Präsident der Republik Finnland
März 1978:	Dr. Bruno Kreisky, Bundeskanzler der Republik Österreich

Oktober 1983: Dr. Rudolf Kirchschläger, Bundeskanzler
der Republik Österreich
Juli 1984:   Andreas Papandreou, Premierminister
Griechenlands
Juli 1984:   Bettino Craxi, Ministerpräsident der
Republik Italien
November 1984: Dr. Fred Sinowatz, Bundeskanzler der
Republik Österreich
Juni 1985:   Laurent Fabius, Premierminister der
Republik Frankreich
September 1985: Kalevi Sorsa, Ministerpräsident der
Republik Finnland
September 1986: Wilfried Martens, Premierminister des
Königreich Belgien
Januar 1987:   Yasuhiro Nakasone, Ministerpräsident
Japans

*Mitreisende in der Delegation bei Staatsbesuchen erhalten
stets eine entsprechende Akkreditierung, hier die beim
Staatsbesuch im Oktober 1987 in Holland*

Oktober 1987: Dr. Mauno Koivisto, Präsident der Republik Finnland

Juni 1988: Dr. Franz Vranitzky, Bundeskanzler der Republik Österreich

September 1988: Poul Schlüter, Ministerpräsident des Königreich Dänemark

Dezember 1989: Francois Mitterrand, Präsident der Republik Frankreich

Während der Staatsbesuche Erich Honeckers und der Besuche der Präsidenten bzw. Ministerpräsidenten wurden neue Abkommen abgeschlossen oder bestehende verlängert. Im Dezember 1989 kam Frankreichs Präsident Mitterrand mit einer Delegation in die DDR. Auf Wunsch Frankreichs wurde am 21. Dezember 1989 mit dem französischen Außenhandelsminister Rausch ein langfristiges Arbeitsprogramm für die Entwicklung der wirtschaftlichen Zusammenarbeit für den Zeitraum 1990 bis 1994 unterzeichnet.

Politiker in Europa sahen, dass politische Veränderungen zu einer Stärkung der BRD führen könnten. Die Existenz der DDR hatte viele Jahre bedeutende Kräfte der BRD gebunden. Das war den Politikern in Europa bewusst und führte zum Nachdenken und zur Überprüfung der Politik gegenüber der DDR.

Eine dramatische Veränderung der Situation in Europa mit der geschwächten UdSSR und einer stärkeren BRD würde die politische Lage grundsätzlich ändern.

Staatsbesuche gehören zum politischen Ritual von Ländern, die diplomatische Beziehungen miteinander haben. Sie vermitteln Erkenntnisse über die Absichten der Partner, über die Möglichkeiten, die bestehen, Beziehungen zu erweitern, die Staatsoberhäupter lernen sich persönlich kennen. In Vorbereitung von Staatsbesuchen werden Entscheidungen in vielen Fällen schneller getroffen. Sie sind für die Teilnehmer, vor allem für die Staatsoberhäupter selbst, sehr anstrengend. Sie sind nicht kürzer als drei Tage, selbst wenn der Gast den ersten Tag nachmittags ankommt und am übernächsten Tag vormittags wieder abreist.

Die Begrüßung beginnt mit den Flugzeugen des Gastlandes, die ab der Grenze das Flugzeug des Gastes begleiten. Das setzt sich fort mit dem Willkommen am Flughafen, der Gastgeber stellt die Mitglieder der Regierung vor sowie andere Teilnehmer der Zeremonie. Die Hymnen der Länder werden gespielt, der Kommandeur der Ehrenkompanie meldet dem Gast, Gastgeber und Gast schreiten die Front ab.

Jedes Mal, überall.

Was danach kommt, ist je nach Land unterschiedlich. 19 oder 21 Motorräder begleiten den Wagen des Gastes, manche Gastländer dehnen diese Begleitung aus. Der Gast wird zusätzlich noch von einer Schwadron Reiter in unterschiedlichen, aber den Gast beeindruckenden Uniformen begleitet. Spalier steht an den Durchfahrtstraßen zum Quartier des Gastes, und die Flaggen, möglichst groß und möglichst viel, sind gehisst. Damit der Gast alles sieht und der Eindruck lange bleibt, wird langsam gefahren.

Neue Begrüßung der Gäste an der Residenz. Von nun an bestimmt das Protokoll den gesamten Ablauf. Dazu gehört immer die Beratung der beiden Staatsoberhäupter und die Beratungen der Begleitung der Staatchefs. Kranzniederlegungen erfolgen am Grabmal des unbekannten Soldaten oder an Denkmalen der Geschichte des Gastlandes. Wieder große Begleitung, Angehörige der Armee in Paradeuniformen runden das Bild ab.

Das Programm umfasst ca. 12 bis 14 Stunden täglich und endet mit festlichen Essen, zu denen am ersten Tag der Gastgeber, am zweiten Tag der Gast einlädt. Diese Veranstaltungen – mit dem Wort »Essen« würde man einen falschen Eindruck entstehen lassen – beginnen frühestens um 20 Uhr und dauern mindestens drei Stunde, 5 bis 6 Gänge, zwei Tischreden mit Übersetzungen.

Zum Staatsbesuch gehört, dass der Gast die Vorsitzenden der Regierungs- und anderer Parteien zu Einzelgesprächen empfängt. Er begrüßt die Präsidenten der parlamentarischen Einrichtungen des Landes, und er muss einige Sehenswürdigkeiten besuchen.

Dieser Programmpunkt hat in Italien und Griechenland besonders große Bedeutung, aber jedes Land möchte von seiner Geschichte etwas zeigen.

Mit dem Regierungchef des Gastlandes finden weitere Beratungen zum Ausbau der Beziehungen statt. Abkommen, die unterzeichnet werden sollen, werden noch einmal beraten. Die Verhandlungen über die Abkommen sind unkomplizierter als ohne den Rahmen eines Staatsbesuches, das ist ein wesentlicher Vorteil. Zusagen können erreicht werden, auf die man sonst monatelang warten musste.

Das ist beim ersten Mal sehr interessant und anstrengend. Die Anstrengung bleibt bei jedem Besuch.

Die Verabschiedung des Gastes erfolgt nach den gleichen Ritualen wie zur Begrüßung: Meldung des Kommandeurs, Ehrenkompanie, Hymne, Händedruck.

Im Juni 1987 besuchte der DDR-Staatsratsvorsitzende die Niederlande. Ein umfangreiches Programm erwartete ihn. Premierminister Ruud Lubbers, Außenminsters van den Broek und weiterer Persönlichkeiten begrüßten Erich Honecker und die Delegation am Flugzeug. Die Ehrengarde salutierte vor dem Staatsratsvorsitzenden.

Begrüßung durch Hollands Ministerpräsident Lubbers auf dem Flugplatz, Juni 1987

Willkommen der Delegation aus der DDR

Der Präsident der Ersten Kammer des Staatsrats, Dr. Steenkamp, war der erste Gesprächspartner im Gästehaus. Ihm folgte der Präsident der Zweiten Kammer, Dr. Doemen. Beide Herren informierten den Gast über die Situation in den Niederlanden. Nach dem Essen bei der Königin Beatrix und Prinz Claus zu Ehren von Erich Honecker wurden die Beratungen fortgesetzt.

Mit dem Vize-Premierminister und Minister für Außenhandel wurde ein neues Handelsabkommen beraten, mit Außenminister van den Broek eine Vereinbarung. Die Unterzeichnung beider Abkommen erfolgte im Beisein des Staatsratsvorsitzenden.

Die Mitglieder der Freundschaftsgesellschaft Niederlande-DDR berichteten während ihres Besuches über ihre Tätigkeit. Die Vorsitzende der kommunistischen Partei

Unterzeichnung von Wirtschafts- und Handelsverträgen

der Niederlande, Frau Elli Izeboud, begrüßte Erich Honecker im Namen der Mitglieder der Partei. Die Vorsitzende der sozialistischen Partei, Frau M. Sins, und der Vorsitzende der parlamentarischen Gruppe ihrer Partei informierten über die politische Situation in den Niederlanden.

Der Staatsratsvorsitzende besuchte das Museum des Widerstandes in Amsterdam in Begleitung von ehemaligen Widerstandskämpfern.

Vor dem Besuch beim Bürgermeister von Amsterdam von Thijn wurde noch das Reichsmuseum mit seinen Schätzen besucht. Im Rathaus hieß der Bürgermeister mit Stadträten die Delegation willkommen.

Die Verabschiedung erfolgte mit einer Pressekonferenz am Flughafen.

Der Besuch durch den Staatsratsvorsitzenden erfolgte im April 1985.

Nach der protokollarischen Begrüßung durch den Vorsitzenden des Ministerrates, Bettino Craxi, an der Gangway begann das Zeremoniell mit dem Intonieren der Hymne der DDR und der Meldung des Kommandeurs der Ehrenkompanie.

Nach der Ankunft in der Residenz erfolgte die Abfahrt zum »Altar des Vaterlandes« (Grabmal des unbekannten Soldaten), um in Begleitung des Ministers des Innern einen Kranz niederzulegen.

Das erste offizielle Gespräch mit dem Präsidenten, Sandro Pertini, fand in dessen Amtssitz statt. Zwischen dem Gespräch mit dem Präsidenten und den Beratungen

Kranzniederlegung am Grabmal des unbekannten Soldaten in Rom, April 1985

Unterzeichnung eines Handelsabkommens zwischen Italien und der DDR im Beisein der beiden Staatschefs, Bettino Craxi und Erich Honecker. Neben dem Ministerpräsidenten Craxi Außenminister Giulio Andreotti.
Andreotti war auf verschiedenen Ministerposten an insgesamt 59 Regierungen nach 1945 beteiligt und dabei siebenmal auch italienischer Ministerpräsident. Er gehörte der Verfassungsgebenden Versammlung und seit 1948 dem italienischen Parlament bis 1991 an

mit dem Vorsitzenden des Ministerrats Bettino Craxi, dem Außenminister Andreotti und Wirtschaftsminister Capria und der Unterzeichnung des »Abkommens über wirtschaftliche, industrielle und technische Zusammenarbeit, stand eine Besichtigung von Sehenswürdigkeiten des alten Rom auf dem Plan.

Der Bürgermeister der Stadt Rom, Vetera, begrüßte Erich Honecker vor dem Palazzo Senatore, in Anwesenheit der Stadträte erfolgte eine kurze Besichtigung des Kapitols.

Mit dem Empfang des Staatsratsvorsitzenden im Vatikan durch das Spalier der »Schweizer Garde« begann der Besuch beim Papst. Das Gespräch mit dem Kirchenoberhaupt fand in dessen Privatbibliothek in deutscher Sprache statt.

Anschließend Treffen mit Mitgliedern des Präsidiums der Freundschaftsgesellschaft Italien-DDR und eine Ansprache der Vorsitzenden, Frau Tulla, sowie eine Zusammenkunft mit den Funktionären der IKP, Alessandro Malta, Carlo Pajetto und Antonie Rubbi. Sodann trafen sich Craxi und Honecker zum Abschlussgespräch.

Die Carabinieri bildete ein Spalier für Erich Honecker auf dem Weg zum Flugzeug.

Republik Finnland 1984

Die Reise Erich Honeckers im Oktober 1984 in die Republik Finnland war nicht der erste Besuch eines Staatsoberhauptes der DDR in Helsinki. Bereits im Oktober 1974 war der damalige Vorsitzende des Staatsrates der DDR, Willi Stoph, zu Besuch in Helsinki. Das war damals der erste Staatsbesuch in einem kapitalistischen Land.

Und 1975 war Honecker zur Unterzeichnung der Schlussakte der KZSE in Helsinki.

Nach Honeckers Besuch 1984 erfolgte im Oktober 1987 der Gegenbesuch von Präsident Dr. Koivisto in der DDR.

Diese Besuche waren Indiz und Ausdruck der langjährigen Beziehungen beider Staaten, die seit Anfang der 50er Jahre bestanden. Finnland behandelte die beiden deutschen Staaten stets gleichrangig, worin es sich von den Staaten der westlichen Welt unterschied.

Der finnische Ministerpräsident Kalevi Sorsa wurde im September 1985 vom Vorsitzenden des Ministerrates der

Gespräch zwischen der finnischen und der Delegation aus der DDR, Oktober 1984

DDR, Willi Stoph, eingeladen und besuchte die Bezirke Dresden und Potsdam. Er sah die Semperoper, die Gemäldegalerie im Zwinger und das Grüne Gewölbe in Dresden sowie die Schlösser und Gärten von Sanssouci, Cecilienhof und Industriebetriebe im Bezirk Potsdam.

Die Reise Erich Honeckers im Oktober 1984 erfolgte unter exakter Einhaltung des Protokolls für Reisen von Staatsoberhäuptern. Jagdflugzeuge der finnischen Luftstreitkräfte begleiteten die Sondermaschine von der finnischen Landesgrenze zum Flughafen.

Die Begrüßung am Flughafen erfolgte durch den finnischen Präsidenten, dem Reichstagspräsidenten, dem Ministerpräsidenten, dem finnischen Außenminister, die Mitglieder des finnischen Staatsrats, dem Präsidenten des Gerichtshofs, des Verwaltungsgerichtshofs, dem Justizkanzler, Befehlshaber der Verteidigungskräfte, Landeshauptmann Uusimaa, Oberbürgermeister von Helsinki, und anderer Persönlichkeiten. Nach dem Abspielen der Nationalhymnen schritt der Gast die Ehrenkompanie ab.

Nach der Kranzniederlegung am Grabmal des Präsidenten I. K. Paasikivi begannen die Gespräche im Palais. Nach den Beratungen besuchte der Staatsratsvorsitzende das Nationalmuseum Finnlands und das Leninmuseum. Im Rathaus wurde er vom Oberbürgermeister begrüßt, dann trug er sich in das »Goldene Buch« ein.

Der Nokia-Konzern hatte zu einem Besuch der Werksanlagen eingeladen. Im Gespräch mit Erich Honecker würdigte der Generaldirektor von Nokia die guten Beziehungen des Konzerns zu Partnern in der DDR.

Ein Essen im Gästehaus mit einem weiteren Handelspartner der DDR, der Firma Thomesto Oy, schloss sich ein Besuch im Geburtshaus des weltbekannten finnischen Komponisten Jean Sibelius an.

Die Beratungen von Helsinki wurden beim Besuch von Präsident Dr. Mauno Koivisto in Berlin fortgesetzt und festigten die wirtschaftlichen Beziehungen. Abkom-

Vertragsunterzeichnung

Mit Finnlands Ministerpräsident Koivisto geht es zur Elch-
jagd. Veranstaltungen dieser Art gelten zwar als außerhalb
des Protokolls, was sie aber natürlich nicht sind

Festlicher Empfang mit Ansprachen

men über die Visafreiheit zwischen beiden Staaten bestanden, über Rechtshilfe in Zivil-, Familien und Strafrecht wurden unterzeichnet.

Die Geschichte der Beziehungen zu Griechenland bein-
haltet ein interessantes Kapitel. Die erste Reise eines Mit-
glieds der Regierung der DDR erfolgte in den 60er Jahren
ohne Pass des Travel-Office. Der Minister für Außenhandel der DDR, Julius Balkow, schaffte es auch ohne.

Auch die späteren wirtschaftlichen Beziehungen mit
Griechenland waren Beziehungen gleichberechtigter Partner, obwohl es sich Griechenland in Bezug auf die DDR
nicht leisten konnte, einen Sonderweg zu gehen.

Dem Staatsbesuch Erich Honeckers auf Einladung des
griechischen Präsidenten Christos Sartzetakis im Oktober
1985, ging der Besuch des griechischen Ministerpräsidenten Andreas Papandreou in der DDR im Juli 1984 voraus.

Das Staatsoberhaupt der DDR wurde am Flughafen
Athen vom Präsidenten der Republik, vom Ministerpräsidenten, Außenminister und anderen Persönlichkeiten entsprechend der protokollarischen Gepflogenheiten mit
Abspielen der Hymnen und Meldung des Kommandan-
ten der Ehrenkompanie begrüßt.

In einem feierlichen Akt überreichte Erich Honecker
dem Präsidenten den »Großen Stern der Völkerfreundschaft«. Der Staatsratsvorsitzende wurde sodann mit dem
Orden »Großes Kreuz des Retters« ausgezeichnet. Nach
der Kranzniederlegung am Grabmal des unbekannten Soldaten fand eine Beratung beider Präsidenten statt. Die
Mitglieder des Präsidiums der Freundschaftsgesellschaft
Griechenland-DDR informierten Erich Honecker über
die Arbeit der Gesellschaft.

Am Morgen des zweiten Besuchstages besichtigte die
DDR-Delegation die Akropolis. Der Direktor der Akropolis führt die Gäste zum Pantheon, den Propyläen-Kom-
plex und zur Karyathiden-Halle. Im Verlauf des Tages fanden dann die offiziellen Gespräche statt.

Verhandlungen in Athen, Oktober 1985

Der Staatsratsvorsitzende und der Ministerpräsident Papandreou bewerteten den Stand der Beziehungen und unterbreiteten Vorschläge für weitere gemeinsame Arbeiten. In einzelnen Gruppen wurden bilaterale Themen aus Handel, Wirtschaft, Außenpolitik, politische Lage etc. beraten.

Nach einem Besuch im Parlament und Beratungen mit Abgeordneten empfing Erich Honecker den Vorsitzenden der Partei »Neue Demokratie«, Konstantin Mitsotakis, und nach ihm den Generalsekretär der Kommunistischen Partei, Harilaos Florakis, zu einem Meinungsaustausch.

Der Abschluss der offiziellen Gespräche bildete die Unterzeichnung des »Langfristigen Abkommens über die wissenschaftliche, industrielle und technische Zusammenarbeit«.

Die griechische Regierung hatte die Delegation der DDR eingeladen, auf der Insel Kreta in Heraklion die Ausgrabungsstätten von Knossos zu besichtigen. Der Präfekt von Heraklion und der Bürgermeister begleiteten die Delegation zum Flughafen und verabschiedeten den

Vertragsabschluss mit Griechenland, 1985

Staatsratsvorsitzenden, der bereits am Vortag mit allen protokollarischen Ehren in Athen verabschiedet wurde.

Ein ereignisreicher Besuch hatte stattgefunden. In der Handelsstatistik schlug er sich 1986/87 nieder.

Republik Österreich 1980

Es war zu erwarten, dass die Republik Österreich, die die DDR am gleichen Tage zur gleichen Uhrzeit die Unter-

Begrüßung durch Bundespräsident Rudolf Kirchschläger, 1980

248

schriftsleistung unter den Grundlagenvertrag diplomatisch anerkannt hatte, auch unter den ersten Staaten sein
würde, die dem Staatsoberhaupt der DDR eine offizielle
Einladung zum Besuch ihres Landes aussprachen.

Der Besuch fand vom 10. bis 13. November 1980
statt. Mit dem Besuch Erich Honeckers wurden die bisherigen protokollarischen Besuche der Minister auf die
Ebene der Staatsoberhäupter angehoben.

Es war ein sehr anspruchsvolles Programm, das die
Republik Österreich vorbereitet hatte. Nach dem protokollarischen Empfang auf dem Wiener Flughafen gab es
in der Wiener Hofburg den Empfang durch den Bundespräsidenten Dr. Rudolf Kirchschläger und anschließend
ein Gespräch. Die folgende Beratung mit Bundeskanzler
Bruno Kreisky mit anschließendem Besuch im Parlament

Gespräche in Linz an der Donau

Vertragsabschlüsse in Wien, November 1980

und im Wiener Rathaus sowie das Abendessen, gegeben vom Bundespräsidenten, beendete den ersten Besuchstag.

Am nächsten Tag fanden Besuch und Kranzniederlegung in der Gedenkstätte Mauthausen, einem ehemaligen Vernichtungslager der Nazis, statt. Danach fuhr Erich Honecker zur Voest Alpine nach Linz und besichtigte Werksanlagen.

Am nächsten Tag empfing uns der Landeshauptmann von Salzburg. Wir besichtigten Mozarts Geburtshaus und das Festspielhaus. Der Vorstand der Voest Alpine AG, der technische und ökonomische Hauptpartner der DDR, unterbreitete Vorschläge für eine engere Zusammenarbeit mit den Kombinaten und dem Außenhandel der DDR.

Während des Besuches wurde ein Luftfahrtabkommen, ein bis 1990 geltendes langfristiges Handels- und Zahlungsabkommen, ein Vertrag über Rechtshilfe in Zivilsachen und Urkundenangelegenheiten sowie ein Patentschutzvertrag unterzeichnet.

In Wien fand eine Begegnung Erich Honeckers mit dem Vorsitzenden der Kommunistischen Partei Österreichs, Franz Muhri, statt. Der Besuch des Staatsratsvorsitzenden der DDR brachte spürbare Impulse für die bilateralen Beziehungen beider Staaten, machte auch das Vertrauen sichtbar, das seit den Begegnungen Erich Honeckers mit den österreichischen Bundeskanzlern Kreisky und Sinowatz bei ihren Besuchen in Berlin entstanden war.

Republik Frankreich 1988

Der Besuch des Staatsratsvorsitzenden der DDR in Frankreich im Januar 1988 war, was das Protokoll und den Ablauf betraf, der Höhepunkt der offiziellen Besuche Erich Honeckers in kapitalistischen Ländern Europas. Er sollte die Gäste beeindrucken.

Bereits Tage vor dem Besuch wurde in der französischen Presse über die DDR informiert, im Wesentlichen positiv. Das war notwendig, um die Einladung durch

Staatspräsident Francois Mitterrand begrüßt das DDR-Staatsoberhaupt auf dem Flugplatz Orly, Januar 1988

Die Avenue des Champs-Élysées ist gesperrt und mit den Fahnen der DDR geschmückt

Frankreich zu begründen. Auf dem Flughafen wurde Erich Honecker vom Präsidenten der Republik Frankreich, Francois Mitterrand, begrüßt. Er erhielt die Meldung des Standortchefs der Stadt Paris, ein General.

Der Flughafen Orly, l'Arc de Triumphe, Tour Eiffel, Champs-Élysées, das l'Hotel de Marigny, l'Hotel de Ville de Paris, Palais de l'Elysée und weitere offizielle Gebäude von Paris zeigten die Flaggen der DDR und Frankreichs. Die Fahrt vom Flughafen zur Innenstadt war eine Demonstration der Geschichte Frankreichs.

Die Fahrzeugkolonne, begleitet von Reitern der Garde Républicaine in geschichtlichen Uniformen und 21 Motorrädern, brachte Erich Honecker und die Delegation zum l'Hotel de Marigny.

Im Großen Saal des Pariser Rathauses sprachen Premierminister Jacques Chirac, der zugleich Bürgermeister war, und Erich Honecker. Im Rathaus fanden auch die Gespräche mit dem Premierminister statt.

Am Grabmal des unbekannten Soldaten legte Erich Honecker im Beisein einer Abordnung der französischen Garde einen Kranz nieder. Beratungen mit dem Präsidenten des Senats, Alain Poher, dem Präsidenten der Kammer

Ansprache Honeckers im Beisein des Premier Jacques Chirac im Großen Saal des Pariser Rathauses

für ausländische Angelegenheiten und dem Vorsitzenden der Freundschaftsgesellschaft Frankreich – DDR schlossen sich an.

Erich Honecker besuchte den Friedhof Père Lachaise und die Mauer der Kommunarden.

Eine Tagung der Gemischten Regierungskommission für die wirtschaftliche Entwicklung hielt während des Aufenthaltes eine Beratung ab, um ein neues Abkommen mit Frankreich vorzubereiten. Mit allen Gesprächspartnern fanden konstruktive Gespräche zu den zwischenstaatlichen Beziehungen statt, die erfolgreich abgeschlossen wurden.

Staatsbesuche dienen unter anderem der Beeindruckung des Gastes, drücken die Hochachtung des Gastlandes gegenüber dem Gast aus und dienen während ihres Ablaufes dem Bekanntmachen ihrer Tradition und ihres Kulturkreises. Das wurde besonders in Japan sichtbar: prunkvolle Zeremonie mit allen protokollarischen Ehren und Information der japanischen Öffentlichkeit über die DDR im Vorfeld des Besuchs. Die großen japanischen Zeitungen hatten ausführlich über die Entwicklung der DDR berichtet und Honecker bekannt gemacht.

Kaiser Hirohito empfing den Staatsratsvorsitzenden am Haupteingang des Palastes persönlich. Im Gespräch

In Nagasaki, wo am 9. August 1945 die zweite US-Atombombe fiel, enthüllt Honecker eine Stele aus der DDR

Gast des japanischen Kaisers Hirohito, 1981

mit dem Kaiser wurde der Staatsbesuch als Ausdruck der guten Beziehungen zwischen Japan und der DDR, der eine große Perspektive habe, gewürdigt. In Toasten während des Essens im Kaiserpalast drückten beide Staatsoberhäupter den Wunsch nach Frieden und internationaler Freundschaft aus.

Dieser Gedanke bestimmte auch die Gespräche des Staatsratsvorsitzenden mit Ministerpräsident Suzuki und mit Mitgliedern seines Kabinetts, mit Parlamentariern und dem Präsidenten des Oberhauses.

Der Vorsitzende des Wirtschaftsausschusses Japan-DDR, Inayama, hob die Vorbildrolle der wirtschaftlichen Beziehungen mit der DDR hervor. Inayama begrüßte besonders, dass das seit langem erwartete Handels- und Schifffahrtsabkommen unterzeichnet wurde.

Während seines Besuchs in Nagasaki übergab Erich Honecker der Stadt eine vom Friedensrat der DDR gestiftete Stele für den Friedenspark der Stadt.

Die Tokyoter Minon-Universität verlieh Erich Honecker den Titel eines »Doktor honoris causa«. Eine weitere

Erich Honecker mit zwei Geishas, 1981

Ehrung erfuhr der Staatsratsvorsitzende in der Stadt Arika, die eine Partnerschaft mit Meißen pflegt: Er wurde Ehrenbürger der alten Porzellanstadt Arika.

Ein Besuch in der alten Kaiserstadt Kyoto mit seiner jahrhundertealten Tradition und seiner schnellen technischen Entwicklung beendete den Besuch in Japan.

Königreich Spanien

Ein übervolles Programm war im Oktober 1988 in Spanien vorgesehen. Bis spät in die Nacht fanden Begegnungen und Gespräche mit den Repräsentanten des Königreichs statt. Das Sonderflugzeug, das von der Staatsgrenze von Jagdflugzeugen der spanischen Militärstreitkräfte eskortiert wurde, war pünktlich in Madrid gelandet.

Erich Honecker wurde vom spanischen Außenminister Ordonez, dem Chef des Königshauses Marquis de Mendéjor und dem spanischen Botschafter in Berlin begrüßt.

Mit einem Hubschrauber wurde die Delegation zum Palast des Königs geflogen. Dort erwartete ihn König Juan Carlos I., der ihn begrüßte. Die Hymnen beider Länder wurden gespielt und der König und Erich Honecker schritten die angetretene Ehrenformation ab.

Bei der Begrüßung waren zugegen: Ministerpräsident Felipe Gonzáles, der Präsident des Abgeordnetenkongresses, der Präsident des Senats, der Minister für Auswärtige Angelegenheiten, der Oberbürgermeister von Madrid und andere Persönlichkeiten.

Noch am gleichen Tag begannen Beratungen mit dem Außenminister und dem Minister für Industrie und Energie. Nach einer Beratung mit dem Regierungspräsidenten wurde Erich Honecker die Goldene Ehrenmedaille der Madrider Universität verliehen. Der Rektor und der Generalsekretär der Universität berichteten über die Studienergebnisse der Studenten. Zum Abschluss trug sich der Staatsratsvorsitzende in das Goldene Buch ein.

Begrüßung durch Spaniens König Juan Carlos und den Ministerpräsidenten Felipe Gonzáles, Oktober 1988

Die zwei weiteren Tage waren angefüllt mit Gesprächen mit Vorsitzenden der politischen Organisationen und Parteien. Honecker sprach mit dem Generalsekretär der KPS, Julio Anguita, und Genossen des Politbüros, mit dem Vorsitzenden der Volksallianz, Antonio Mancha, und dem Vorsitzenden des demokratischen und sozialen Zentrum Spaniens.

Der Außenminister der DDR beriet unterdessen mit seinem Amtskollegen. Beide unterschrieben ein »Abkommen zwischen der Regierung der DDR und dem Königreich Spanien über Informations- und Erfahrungsaustausch auf dem Gebiet des Strahlenschutzes« sowie das »Abkommen zwischen der Regierung der DDR und dem Königreich Spanien über die gegenseitige Anerkennung der Gleichwertigkeit von Zeugnissen und akademischen Graden«. Als Außenhandelsminister der DDR unterzeichnete ich mit dem amtierenden Minister für Wirtschaft und Finanzen das »Arbeitsprogramm zur Entwicklung der wirtschaftlichen und technisch-industriellen Zusammenarbeit zwischen der DDR und dem Königreich Spanien in den Jahren 1988-1990.

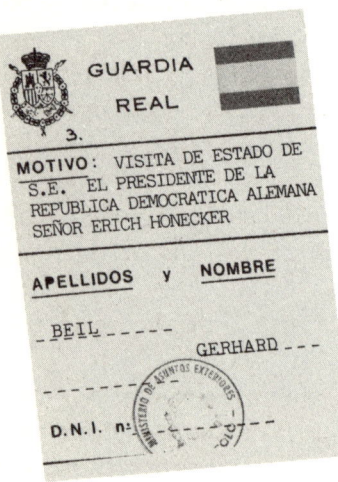

Jedes Delegationsmitglied erhielt eine Karte zur Identifikation

Ehrendes Gedenken für die gefallenen Verteidiger der
Spanischen Republik 1936-39 in Barcelona

Am Denkmal zu Ehren aller für Spanien Gefallenen
legte Erich Honecker einen Kranz nieder.

Beim Besuch beim Oberbürgermeister von Madrid
stellte dieser die Mitglieder des Stadtparlaments vor, im
Plenarsaal wurde dem Staatsratsvorsitzenden der »Goldene Schlüssel« der Stadt Madrid überreicht.

Gespräche mit dem Präsidenten des Abgeordnetenhau-
ses und dem Präsidenten des Senats sowie Beratungen mit
den Fraktionsvorsitzenden beider Kammern über die
DDR schlossen sich an.

Der spanische Unternehmerverband legte großen Wert
darauf, mit dem Staatsratsvorsitzenden und der Delegation Erfahrungen auszutauschen.

Das Präsidium der Gesellschaft »Wilhelm von Hum-
boldt« informiert über dessen Tätigkeit.

Nach der Verabschiedung durch den König flog die
Delegation nach Barcelona. Der Staatsratsvorsitzende
legte in der Gedenkstätte für gefallene spanische Republi-

kaner und Interbrigadisten am Gedenkstein für Hans Beimler ein Gebinde nieder und traf sich mit Antifaschisten und spanischen Kämpfern.

Nach einem Gespräch mit dem Präsidenten der Generalität Kataloniens, Pugel, fanden auch Begegnungen mit Vertretern der Stadt Barcelona statt.

Auf dem Flughafen von Barcelona verabschiedeten der Präsident der Generalität, die Delegierten der Regierung und der General der Militärstreitkräfte die DDR-Abordnung zu ihrem Heimflug.

In Vorbereitung des Besuches wurden in der spanischem Presse viel über die DDR und ihre Entwicklung veröffentlicht. Während des Besuches wurde überwiegend sachlich über die Begegnungen und Gespräche berichtet.

Königreich Belgien 1987

Die Einladung des Königs der Belgier ordnete sich ein in die Reihe Anfragen westeuropäischer Staaten in den Jahren 1986 bis 1988.

Entsprechend dem Protokoll begrüßte der König den Gast an der Gangway, um mit ihm das militärische Zeremoniell abzunehmen. Im Ehrensalon des Brüsseler Flughafens hießen der Präsident des Senats, Edward Leemans, der Präsident der Abgeordnetenkammer, Jean Defraigne, der Ministerpräsident Wilfried Martens, die Mitglieder der Regierung, der Gouverneur der Provinz Brabant, Ivan Roggen, und Mitarbeiter der Botschaft der DDR den Staatsratsvorsitzenden willkommen.

Die Fahrt Erich Honeckers vom Flughafen zum Königlichen Palast gestaltete die belgische Seite wie ein Triumphzug. 19 Motorräder begleiteten den Wagen des Gastes. In der Innenstadt wurde der Wagen von einer Reiterschwadron mit 120 Gendarmen in Parade-Uniformen begleitet. Unmittelbar nach seinem Eintreffen wurde Erich Honecker im Wohnsitz des Königspaares von König Baudouin I. und Königin Fabiola empfangen.

Der Bürgermeister von Brüssel, Hervé Brouhou, begrüßte den Ehrengast im Rathaus. Zum Abschluss des Besuches erfolgte die Eintragung in das Goldene Buch der Hauptstadt.

Erich Honecker hatte in den Folgetagen eine Vielzahl von Begegnungen. Er traf sich mit dem Vorsitzenden der flämischen sozialistischen Partei, Karel van Miert, führte Gespräche mit dem Vorsitzenden der frankofonen sozialistischen Partei, Guy Spitach, und mit dem Vorsitzenden der Kommunistischen Partei Belgiens, Louis van Geyt.

Mit dem belgischen Ministerpräsidenten, Wilfried Martens, fanden die offiziellen Gespräche statt, daran nahmen von belgischer Seite der Außenminister Leo Tindemann, der Minister für Außenhandel, Hermann de

Protokollarische Begrüßung in Brüssel durch König Baudouin I. auf dem Flugplatz, September 1987

Reiter begleiten den Staatsgast durch die belgische Hauptstadt

Orro, der Staatssekretär für Außenhandel, Etienne Knoops und andere Persönlichkeiten teil.

Weitere Gespräche wurden geführt mit den Mitgliedern des Präsidiums der Gesellschaft Belgien-DDR, mit dem Präsidenten der Abgeordnetenkammer und dem Präsidenten des Senats.

Die Zweisprachigkeit Belgiens verlangte auch paritätische Visiten und Gespräche in den Sprachgebieten und mit den Repräsentanten dieser Gebiete: Fahrt nach Gent, Besuch beim Gouverneur der Provinz Ostflandern, Gespräche im Rathaus von Gent und Eintragung in das Goldene Buch. Es fanden sodann Gespräche mit dem Minister für Verkehrswesen und Außenhandel statt.

Am Ende der Beratung wurde ein langfristiges Programm der wirtschaftlichen, industriellen und technischen Zusammenarbeit zwischen der DDR und dem bel-

Empfang im Brüsseler Rathaus, 1987

gisch-luxemburgischen Wirtschaftsministerium unterzeichnet.

Der letzte Besuch fand in Lüttich statt. Die Provinz
und die Stadt Lüttich begrüßten den Staatsratsvorsitzenden am Ehrenmal, an dem Erich Honecker einen Kranz
niederlegte. Weiter ging es zum Gouverneur der Provinz
Lüttich am Sitz der Provinzregierung.

Der Bürgermeister von Lüttich gab für die Delegation
der DDR ein Essen. Die Eintragung in das Goldene Buch
der Stadt beendete den Besuch in der Stadt von Kohle und
Stahl.

Dem Ehrengast und der Delegation wurden auf dem
Flughafen von Lüttich vom Vertreter des Königs, der sich
bereits in Brüssel verabschiedet hatte, und vom Gouverneur und Bürgermeister ein Lebewohl gesagt.

Königreich Schweden 1986

Am 28. Januar 1986 war der charismatische Ministerpräsident Schwedens, Olof Palme, in Stockholm ermordet worden. Er gehörte mit Bruno Kreisky und Willy Brandt zu den prägenden Persönlichkeiten der Sozialistischen

Vertragsabschlüsse am Ende des Staatsbesuches in Schweden. Oben: Verhandlungen mit dem Ministerpräsidenten

Internationale. Palme war schon von 1969 bis 1976 Regierungschef, dieses Amt führte er seit 1982 zum zweiten Male. 1985 hatte er die DDR besucht und Erich Honecker zum Staatsbesuch eingeladen. Dieser erfolgte nunmehr im Sommer 1986.

Der Besuch war zwangsläufig von dem Attentat, welches übrigens bis heute nicht aufgeklärt ist, überschattet.

Neun Staatsbesuche des Staatsoberhauptes der DDR in kapitalistische Länder in den Jahren 1986 bis 1988 wurden absolviert. In der gleichen Zeit besuchten zwei Staatsoberhäupter und neun Ministerpräsidenten aus der gleichen Ländergruppe die DDR. Die Zeit der politischen Isolierung war endgültig vorüber.

Neun Staatsbesuche in Staaten in drei Jahren sind ungewöhnlich, auch wenn man berücksichtigt, dass die DDR sehr spät voll anerkannt, die politische Bühne erst nach 1972 betreten hatte. In diesen Jahren genoss die DDR ihr höchstes politisches Ansehen in der Welt.

Die Entwicklung im Innern der DDR lief nicht im Gleichklang mit ihrem internationalen Ansehen. Wachsende Unzufriedenheit der Bevölkerung unseres Landes und der sozialistischen Staaten war nicht ausschließlich auf äußere Einflüsse zurückzuführen, sie hingen auch mit inneren Problemen zusammen, deren Lösung sicher kompliziert war, die Auswirkungen aber geringer, als sie 1989 eintraten.

Als 1989 viele Bürger unser Land verließen und dazu gesagt wurde, wir weinen ihnen keine Träne nach, war ein Zustand erreicht, der schwer hinzunehmen war.

Ich hatte eine andere Meinung dazu.

Da diese Situation später von anderen Kräften und mit anderen Zielen ausgenutzt wurde, führte die Entwicklung im Zusammenhang mit Problemen im sozialistischen Lager und des Zerfalls der UdSSR zum Ende der DDR.

Warum noch darüber reden?

Wen interessiert das denn noch? Das ist doch schon so lange her. Die Schlacht ist geschlagen, wir haben verloren. Was also soll's ...?

So kann man es immer wieder aus den eigenen Reihen hören. Da schwingen gleichermaßen Resignation und Mitleid mit (»Der hat's noch immer nicht begriffen.«). Ich verstehe es, wenn namentlich Vertreter meiner Generation müde geworden sind. Inzwischen ist die Hälfte jener Zeit verstrichen, die der DDR im Ganzen gegeben war. Seit zwanzig Jahren wird aus allen Propagandarohren gefeuert. Es scheint, als sei der Dauerbeschuss erfolgreich.

Es scheint nur so.

Es gibt keinen lebendigeren Untoten in der Geschichte als diesen Staat DDR. Dessen sind sich die Mächtigen in dieser Republik bewusst, weil allein durch die Erinnerung an die untergegangene Republik ihre Macht objektiv Grenzen aufgezeigt bekommt. Nach ihrer Vorstellung haben sie schon immer alles richtig gemacht – die Bundesrepublik Deutschland ist die Verwirklichung allen guten Strebens in tausend Jahren deutscher Geschichte. Besser geht es einfach nicht.

Daraus meint die politisch herrschende Klasse ihre aktuelle Legitimation zu beziehen.

Die DDR war der objektive Widerspruch zu dieser Anmaßung. Auch wenn sie unfreiwillig zugrunde ging, woran die BRD einen gehörigen Anteil hatte, so bewies sie allein mit ihrer Existenz, dass es gesellschaftliche Alternativen geben kann.

Das war und ist ihr erstes Verdienst.

Und ihr zweites, gleichsam postumes: Je gewaltiger das gegenwärtig dominierende kapitalistische System sich in seinen Widersprüchen verstrickt, desto deutlicher wird: Diese Art zu wirtschaften und zu konsumieren ist nicht die Lösung globaler Probleme, sondern deren Ursache. Der profitorientierte Raubbau an Menschen, Ressourcen und Umwelt führt immer tiefer in diese Sackgasse. Es geht nicht so weiter, dass eine Minderheit auf Kosten der Mehrheit lebt.

Das sowjetische Modell des Sozialismus ist gescheitert, die Idee hingegen nicht. Die Vorstellung, dass es jenseits der schmarotzenden Gesellschaftsverhältnisse etwas anderes geben kann und muss, gewinnt seit 1990 in allen Umfragen stetig an Zustimmung. Im Westen noch stärker als im Osten. Dort vertrat und vertritt seit Jahrzehnten eine qualifizierte Mehrheit in der Bevölkerung diese Ansicht. Dabei, so hieß es etwa in der *Welt* am 11. Oktober 2008 – also noch vor Ausbruch der weltweiten Finanzkrise -, zöge sich »der Wunsch nach einem sozialistischen Wirtschaftssystem quer durch alle politischen Lager«. Vernunft ist nun einmal an kein Parteibuch gebunden. Was aber vor allem die Regierenden nervt: »Die Sehnsucht nach dem Sozialismus ist [...] in der jüngeren Generation, die die DDR nur kurz oder gar nicht mehr erlebt hat, besonders groß: 51 Prozent der 18- bis 29-Jährigen sprechen sich für ein sozialistisches Wirtschaftssystem aus.«

Nun ist dieses mehrheitliche Empfinden nicht durch marxistische Publizistik und die Erinnerungsliteratur zustandegekommen, sondern durch nüchterne Betrachtung dessen, was ist und was war. Das heißt: In die Überlegungen, die zu diesem Schluss führen, sind die Lebensleistungen jener Generationen eingeflossen, die die DDR unter großen Mühen aufbauten, entwickelten und am Leben hielten.

Über diese müssen wir reden.

Das hat nichts mit Rechtfertigung zu tun, auch nicht mit jenem sanften Schleier aus Nachsicht und Verklärung, den jeder im hohen Alter aus verständlichen Gründen über seine eigene Geschichte breitet. Sondern es ist die Pflicht meiner Generation, unser Wissen, unsere Erfahrung aufzubereiten, zu verallgemeinern und sie den uns Nachfolgenden weiterzugeben.

Dass dabei mancher inzwischen müde geworden ist und anderes für ihn dringlicher geworden ist, verstehe ich. Da spielt auch das Gefühl mit hinein, dass man damit nichts bewirke. Das hat etwas von jenem Irrtum an sich, mit dem die DDR-Gründergeneration seinerzeit die Ärmel aufkrempelte. Sie war davon überzeugt, binnen einer Generation den Traum von einer gerechten Welt zu verwirklichen, in der der Mensch von Ausbeutung und

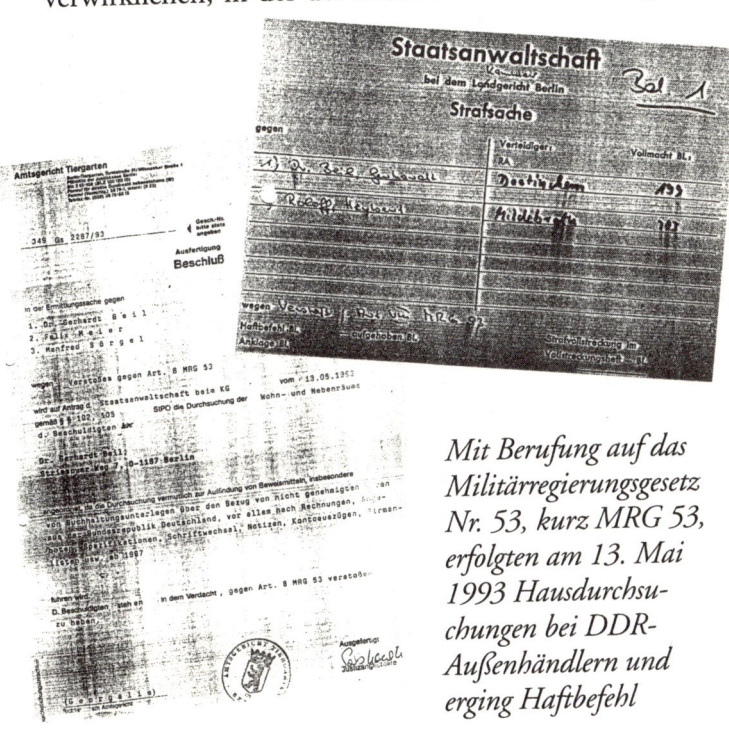

Mit Berufung auf das Militärregierungsgesetz Nr. 53, kurz MRG 53, erfolgten am 13. Mai 1993 Hausdurchsuchungen bei DDR-Außenhändlern und erging Haftbefehl

Unterdrückung frei sei. Natürlich waren dabei Illusionen und Naivität mit im Spiele, der Wunsch eilte der Realität weit voraus.

Aber wohin sich eine Gesellschaft entwickelt, wenn sie keine Visionen hat, erleben wir gegenwärtig. Wenn der Sachzwang regiert, bleibt den Regierenden nur noch das Krisenmanagement.

Beim Schreiben des Buches habe ich mich gezwungenermaßen mit meiner Materie intensiver beschäftigt, als ich das in den letzten Jahren tat. Dabei wurde mir bewusst, dass die zeitliche Distanz den Blick keineswegs trübte, sondern schärfte. Der Rechtfertigungsdruck, die Abwehr dümmlicher Attacken und haltloser Anwürfe war

Zu den über 700 Industrieanlagen, die binnen eines Jahrzehnts von der DDR erworben wurden, gehören zwei Anlagen zur Ammoniak-Produktion in Piesteritz, die von der US-Firma Kellog in Lizenz und Japan erworben wurden. Zum Gesamtkomplex gehörte eine Düngemittel-Anlage aus der CSSR

270

Anlagen zur vollständigen stofflichen Verwertung von Erdöl und Erdölrückständen wurden für Leuna und Schwedt bei Voest Alpine in Österreich und bei der Engineering-Firma Lurgi in Frankfurt am Main erworben. Insgesamt investierte die DDR in diesem Bereich 1,628 Milliarden Valutamark für Importe aus dem NSW

weg und Energie zu sachlicher Analyse reichlich vorhanden.

So kamen mir die Fragen – vorher noch nie gestellt, weil wir jeden Staatsbesuch als singulären Vorgang betrachteten – in den Sinn: Warum wurde das DDR-Staatsoberhaupt Mitte der 80er Jahre von so vielen kapitalistischen Staaten eingeladen, und weshalb waren so viele Staats- und Regierungschef in der DDR? Natürlich kann man es sich damit erklären, dass erst nach Helsinki die DDR auf der internationalen Bühne voll anerkannt und akzeptiert wurde. Eine weitere Begründung könnte Honeckers friedenspolitisches Engagement gewesen sein, mit dem er eine systemübergreifende »Koalition der Vernunft« schmieden und das atomare »Teufelszeug« aus Zentraleuropa verbannen wollte.

In Kenntnis des weiteren Verlaufs der Geschichte meine ich den eigentlichen Grund für diese Reisediplomatie gefunden zu haben. In vielen Staaten gewann zu Beginn der 80er Jahre die – durchaus richtige – Erkenntnis Raum, dass die Sowjetunion das Wettrüsten verloren hatte, auch wenn ihr das selbst nicht bewusst war. Der kranke Andropow, der dem 1982 verstorbenen Breshnew kurzzeitig nachfolgte, schien es zumindest zu ahnen, doch ehe dies praktische Politik werden konnte, traten bereits Tschernenko, Ustinow und Gorbatschow an seine Stelle: unfähig und anmaßend wie die Breshnew-Riege. Sie machten auf erschreckende Weise den antiquierten Grundsatz neuerlich sichtbar, dass Männer Geschichte machen. Gorbatschow, seit 1985 Alleinherrscher, war schon nicht mehr in der Lage, den Niedergang zu stoppen. Im Gegenteil: Er beschleunigte ihn durch Unfähigkeit.

Weil man diese Entwicklung im Westen zu Beginn des Jahrzehntes deutlicher als in Moskau und wohl auch in Berlin sah, stellte man sich in vielen Hauptstädten die Frage: Was passiert mit dem sozialistischen Lager, wenn die Sowjetunion ihre Führungsrolle verspielt oder aufgibt. Was wird, zum Beispiel, mit der DDR, deren Existenz allein viel Energie der Bundesrepublik Deutschland absorbiert? Im deutsch-deutschen Bruderkampf gefesselt, war der Wirtschaftsriese BRD gebunden wie Gulliver unter den Zwergen. Gebe es diese DDR nicht mehr, wäre der Konkurrent BRD von seiner Fessel befreit. Das würde Folgen für seine Nachbarn haben.

Daraus erwuchs die Überlegung, man sollte deshalb die DDR stützen und stärken, so lange es sie gab. Und so lud man das DDR-Staatsoberhaupt nach Tokyo, Rom, Wien, Paris, Madrid, Brüssel, Den Haag, Stockholm ...

Gerhard Beil, 2009

Und wir schlossen Wirtschaftsverträge. In jener Zeit »erwarb« ich als der dafür Zuständige über 700 Industrieanlagen für die DDR. Es war das damals Modernste, was es auf der Welt gab. Diese Anlagen produzieren noch heute in Leuna, Eisenhüttenstadt, Schwedt, Schwarzheide etc. – und bringen Höchstprofite für die Konzerne, die sie nach 1990 übernahmen. Wir hatten damit die ökonomische Basis der DDR in Schlüsselindustrien grundlegend erneuert, womit wir die wirtschaftliche Existenz des Landes bis über die Jahrtausendwende gesichert hatten.

Jedoch hinkte die gesellschaftliche Erneuerung der wirtschaftlichen deutlich hinterher. Das wurde – neben den außenpolitischen Faktoren – der DDR zum Verhängnis.

Österreichs Bundeskanzler Fred Sinowatz in Eisenhütten-
stadt, wo die DDR 2,1 Milliarden Valutamark für ein
österreichisches Konverterstahlwerk investierte, 1984

Das muss man eben so deutlich sehen und sagen, wie
uneingeschränkt behauptet werden kann: Diese DDR war
nicht pleite. Ihre Wirtschaft war nicht marode. Die Engpässe, der allgegenwärtige Mangel in der Versorgung, ver-
ärgerte mit Recht die DDR-Bürger, zumal sie täglich im
Westfernsehen in der Werbung Produkte sahen, die sie
zum Teil selbst hergestellt hatten, aber nicht im Laden zu
kaufen bekamen. Hinzu kamen schlechte Erfahrungen im
Umgang mit Behörden, eine unbefriedigende Informa-
tionspolitik und Erfahrungen mit der Obrigkeit, die mit
ihrem ausgeprägten Gerechtigkeitsempfinden kollidierten. Das wird heute gern mit dem Klischee vom Demo-
kratie-Defizit beschrieben.

Nein, die DDR-Bürger hatten ein sehr klares demokratisches Empfinden, weshalb sie ja auch verärgert waren und es auch artikulierten, wenn dies die Zuständigen nicht so hielten. Im übrigen erklärt dies ja den weitaus größeren Unmut im Osten über die aktuelle Politik, als er im Westen anzutreffen war und ist. Inzwischen holt man dort auf. Kann dies eventuell mit unseren Erfahrungen zusammenhängen?

Über solche und andere Zusammenhänge müssen wir reden und schreiben. Denn es hat Zweck. Eine Gesellschaft ist ein lebender Organismus, nichts Statisches, auch wenn man es uns mit Basta oder verordneter Friedhofsruhe, mit Medienmacht, Pseudo-Dynamik, hochorganisiertem Lehrlauf und Staatszirkus glauben machen will. Und darum sind solche Fragen, wie ich sie eingangs zitierte, zwar legitim und zulässig, und jeder mag sie für sich beantworten. Aber als Aussage, also ohne Fragezeichen, sind sie keineswegs die Ultima ratio.

Halten wir doch einfach fest:

Nach Angliederung der DDR an die BRD im Jahre 1990, wurde der bereits seit Jahrzehnten geführte Kampf gegen jede Form der sozialistischen Entwicklung fortgesetzt.

Der kurzen Etappe der Versprechungen von den »blühenden Landschaften« folgten der Einfall von Scharen politischer, ökonomischer und juristischer Berater, die den Boden für die Vertreter der Konzerne und Banken vorbereiten sollten, die Konkurrenzbetriebe der DDR auszuschalten. Damit sollte der Weg zur Erzielung von Maximalprofit freigemacht werden. Parallel dazu begann die Phase der Delegitimierung des politischen und wirtschaftlichen Systems der DDR unter der Losung »Unrechtsstaat«.

Politische Parteien und Organisationen der abgewickelten DDR, das Bildungssystem, das Gesundheitswesen wurden als unrechtmäßige Einrichtungen beseitigt, ihre Vertreter mit Verfahren und Prozessen überzogen. Die Übertreibung gehörte fortan zur täglichen Lektüre. Die Behauptungen wurden immer abstruser. Dabei schien man nach der Methode zu verfahren, die bereits Goebbels praktizierte: Je größer die Lüge, desto eher schenkt man ihr glauben. Und am Ende bleibt doch noch immer etwas hängen. Die Zahl der Toten an der Grenze nimmt von Jahr zu Jahr zu. Unsinn wie »Charité entsorgt Neugeborene im Spüleimer«, »Schießbefehl gefunden«, »Killerkommandos des MfS im Einsatz« durfte und darf ungestraft verbreitet werden. In Berlin wurden sogar Telefone geschaltet, um anonyme Anschuldigungen abzuladen, wozu die Presse einlud.

Hunderttausend Ermittlungsverfahren, Verhöre und Hausdurchsuchungen erzeugten eine Atmosphäre der Angst, Unsicherheit und Verdächtigung. Sie waren zugleich die Nebelschwaden für die unauffällige Übernahme der Banken, Versicherungen und Handelsorganisationen in der DDR. All das Geschrei sollte davon ablenken, wie dort leise Milliardenwerte über den Tisch gingen. Das öffentliche Gekeife übertönte die Abwicklungen der Wissenschaftler an Universitäten und Hochschulen, an Forschungseinrichtungen, Bildungsanstalten und Kultureinrichtungen. Auch tausende hochqualifizierte Außenhändler mit Erfahrungen und exzellenten Sprachkenntnissen verloren ihre Arbeitsplätze. Sie wurden nicht mehr gebraucht, waren für die neue Ordnung überflüssig.

Ein Jahr nach dem Ende der DDR eröffnete die Justiz der Bundesrepublik auch gegen mich sechs Verfahren wegen Verstoßes gegen Artikel VIII des Militärratsgesetzes Nr. 53. Dem gingen Hausdurchsuchungen voraus, die damit begründet wurden, ich könnte Unterlagen über nichtgenehmigte Bezüge aus der Bundesrepublik, Notizen, Schriftwechsel, Rechnungen, Spezifikationen u. a. im Besitz haben, wie es im Beschluss des Amtsgerichts Tiergarten hieß.

Das gehört zum weltweit üblichen Repertoire, wenn Menschen verunsichert werden sollen. Ich hatte weder 1991 noch irgendwann etwas zu verbergen, folglich musste ich auch nicht nervös werden.

Die Hausdurchsucher fanden nichts, nahmen aber ersatzweise neben anderem meinen Sozialversicherungsausweis mit. Dadurch verhinderte man, dass ich – am 26. Mai 1991 inzwischen 65 geworden – meine mir gesetzlich zustehende Rente beantragen konnte.

In den Verfahren wurde behauptet, ich hätte Verträge zum Unterlaufen der Militärratsgesetze geduldet bzw. angeordnet, dass dies geschähe.

Die BRD, die mit Hilfe der CoCom und ihrem Alleinvertretungsanspruch uns an der Teilhabe an der internationalen Arbeitsteilung und dem wissenschaftlich-technischen Fortschritt hinderte, wodurch uns riesiger materieller Schaden entstand, wollte mich (und andere) dafür bestrafen, weil ich dies hatte verhindern wollen, indem ich meine Aufgaben als Außenhändler erfüllte.

Das war nur der Anfang einer Reihe von Strafverfahren, die gegen mich eröffnet wurden.

Mir wurde unter anderem vorgeworfen, für das 1980 in Österreich gekaufte Konverterstahlwerk, mit dem wir Engpässe in der Metallurgie überwinden konnten, einen zu hohen Preis gezahlt zu haben. So lächerlich das vielleicht klingt: Die meinten das ernst. Als wenn ich ihnen vor ihrer Zeit etwas weggenommen hätte. Den Reibach, den sie ohnehin damit machten, war ihnen offenkundig zu gering.

Abgesehen davon, dass der Kauf eines Stahlwerkes und die Verhandlungen davor sich lange hinziehen: Daran waren hunderte qualifizierte Metallurgen, Ökonomen und Juristen involviert, die durchaus vergleichen konnten. Wir hatten nichts zu verschenken.

Gleichwohl mutete es merkwürdig an, dass die Justiz der BRD nachträglich rügen wollte, dass der »Unrechtsstaat« DDR sich vermeintlich Schaden zugefügt hatte.

Der Kauf des Stahlwerkes beschäftigte uns lange. Wir hatten in der BRD, in Japan und Frankreich angefragt, Verhandlungen geführt und nach gründlichem technischem und ökonomischem Vergleich uns für Österreich entschieden. Neben technischen Vorzügen enthielt das österreichische Angebot die Verpflichtung, Gegengeschäftsvereinbarungen abzuschließen, um der DDR die Finanzierung zu erleichtern. Das war des Pudels Kern.

Die DDR als selbstständiger sozialistischer Staat konnte nur mit der Sowjetunion existieren. Man sagt, dass ein Staat mindestens 10 Millionen Menschen zählen und sichere Einnahmequellen – aus wirtschaftlicher Tätigkeit oder aus anderen Verrichtungen: Monaco z. B. lebt vom Casino und den Geldanlagen – haben muss, um leben zu können. Die DDR mit knapp siebzehn Millionen Bewohnern war dazu aus mehreren Gründen nicht in der Lage. Zu diesen Gründen gehörte die Last der Geschichte, der Kalte Krieg und die nationale Frage, aber eben auch das Faktum, dass der sozialistische Internationalismus mitunter zur Einbahnstraße geriet.

Wir sind nicht als DDR untergegangen, sondern als Teil eines Ganzen, das einem Sozialismusmodell folgte, welches sich in toto als nicht lebensfähig erwies.

Inzwischen sind wir alle klüger und wissen, woran es mangelte. Daher sehen wir auch die Gebrechen der jetzigen Gesellschaft schärfer. Oder wie der Schriftsteller Christoph Hein meint: »In dem Moment, da die Wirtschaft runtergeht und die Arbeitslosenzahlen hochgehen, ist der Verweis auf einen Staat, in dem es keine Arbeitslosigkeit gab und große soziale Sicherheit herrschte, besonders fatal und muss heftig zurückgewiesen werden.« Und deshalb wird über die DDR, über die sozialistische Idee zunehmend schärfer hergezogen.

Natürlich macht es mich, bei aller Gelassenheit des Alters, die mir durchaus zugewachsen ist, unverändert wütend, wenn ich mir verdeutliche, dass wir eine einzigartige historische Chance, die uns in einem Teil der Welt mit dem kollektiven Sieg über das Hitlerreich gegeben war, derart jämmerlich verspielt haben. Sie wird so nicht wiederkommen. Will ich hoffen, denn der Krieg ist keineswegs verbannt und diese Option ist immer möglich. Entgegen anderslautenden Darstellungen, dies nur nebenbei, ist die Weltwirtschaftskrise 1929-32 nicht mit Roosevelts New Deal beendet worden, sondern durch den Zweiten Weltkrieg. Der Krieg ist im Kapitalismus immer noch das wirksamste Konjunkturprogramm. Und natürlich auch der Nachkrieg, wenn aufgeräumt werden muss und die Konsumenten wieder konsumieren wollen.

Nein, ich neige keineswegs dem Pessimismus zu. Ich glaube an die Vernunft und an den menschlichen Überlebenswillen, als Europäer bin ich sowieso ein Kind der Aufklärung. Ich bin von der Lebensfähigkeit der sozialistischen Idee unverändert überzeugt, selbst wenn es augenblicklich so ausschaut, als läge ihre Zukunft bereits hinter ihr. Die Alternative hat schon Rosa Luxemburg benannt: Sozialismus oder Barbarei. Auch wenn derzeit das Mittelmaß in allen Länder regiert, wenn die Massen mehrheitlich geduldig den Herrschenden hinterhertrotten, weil sie der Mut und die Zivilcourage verlassen haben, muss und wird das nicht bis zum Ende aller Tage so sein. Die Entwicklung, so redeten wir uns ein, laufe gesetzmäßig und tendenziell nach oben. In der Tendenz vielleicht, aber nicht ohne Rückschläge, und schon gar

Am 30. Januar 1975 habe ich in Tokyo diesen Baum
gepflanzt, als wir mit dem japanischen Unternehmen
Showa Denko Oita Petrochemical Complex einen Vertrag
über die Lieferung von Erdölverarbeitungsanlagen schlossen. Shozo Suzuki schickte mir ab und zu ein Foto und
fragte an, ob auch unsere Wirtschaft so wachse wie der von
mir gesetzte Baum. Er tat dies nicht ohne Hintersinn, was
der freundlichen Geste keineswegs ihren Charme nahm.
Nun, seine Frage muss ich seit 1990 nicht mehr beantworten. Aber der Baum wächst. Was für eine Metapher ...

280

nicht mechanisch und automatisch. Der Fortschritt mäandert mitunter, weil viele Faktoren daran beteiligt sind.

Politische Organisation, und wenn sie sich noch so wichtig nehmen, sind nur ein Element dabei. Heute gehören weniger als drei Prozent der Bundesbürger einer Partei an.

Bei uns waren es mehr. Und es waren nicht nur Opportunisten, die Karriere machen wollten. Die gab es auch, mehr als genug. Aber wir waren nicht wenige, die bewusst Partei nahmen und sich entsprechend bildeten. Das, so scheint mir, ist derzeit unser größtes Manko: fehlendes politisches Wissen.

Erklärungen

Allied Travel Office   Von den westlichen Besatzungsmächten als Instrument des Kalten Kriegs in Westberlin
installiert. Da die Pässe der DDR in den NATO-Staaten
nicht akzeptiert wurden, weil man auch nicht den Staat
anerkannte, der sie ausgab, mussten DDR-Bürger, die in
solche Länder dienstlich oder privat reisten, in dieser Einrichtung um einen Travel-Pass nachsuchen. Nicht nur,
dass das mit Fragen verbunden war. Es dauerte auch meist
mehrere Wochen, ehe man wusste, ob dem Ansinnen
stattgegeben wurde oder nicht. Insbesondere die Verzögerung beim Genehmigen erwies sich als besonders hinderlich, oder aus Sicht der Westmächte: als besonders wirksam. Das Travel-Board bearbeitete bis 1961 etwa 15.000
Anträge pro Jahr, danach etwa 3.000. Noch 1970 hieß es
in der *Zeit*: »Das Travel Board erteilt keine Genehmigun-
gen für Funktionäre, die für Ideologie und Ansehen der
DDR werben sollen. Selbst Sportler und Künstler dürfen
nicht mehr in NATO-Länder. Es sind fast nur noch Han-
delsfunktionäre, denen die Einreise bewilligt wird. Auf die
kulturellen Darbietungen des Brecht-Ensembles möchten
die NATO-Staaten verzichten, auf den Osthandel nicht.«

Antihitlerkoalition   Formierte sich nach dem Überfall
auf die Sowjetunion am 22. Juni 1941. Am 1. Januar
1942 war in Washington eine Erklärung von 26 Krieg
führenden Staaten zustande gekommen. Abgeschlossen
wurde die Bildung des Bündnisses mit einem nach fünf-
monatigen Verhandlungsdauer unterzeichneten Abkommen über ein »Bündnis im Krieg gegen Hitlerdeutschland
und seine Verbündeten« für die nächsten 20 Jahre am 26.
Mai 1942 zwischen England und der Sowjetunion und
am 11. Juni zwischen der USA und der Sowjetunion.

282

Nach der bedingungslosen Kapitulation Hitlerdeutschlands am 8. Mai 1945 fand die Potsdamer Konferenz statt, auf der die Hauptmächte der Antihitlerkoalition in einem Abkommen die europäische Nachkriegsordnung bestimmten. Theoretisch endete die Nachkriegszeit erst im September 1990 mit Abschluss des 2+4-Vertrages, der 45 Jahre nach Kriegsende die volle Souveränität der BRD und der DDR herstellte.

Bartergeschäft Darunter versteht man ein Kompensationsgeschäft, bei dem zwischen zwei Marktpartnern die Abwicklung von Warenlieferungen in gleichem Wert ohne Geldzahlungen erfolgt. Die DDR bevorzugte jedoch Gegengeschäfte im grenzüberschreitenden Warenverkehr. Dabei waren die Geschäftspartner gleichzeitig Lieferant und Kunde. Der Kunde machte den Abschluss davon abhängig, dass der Lieferant auch bei ihm Waren kaufte beziehungsweise die Rechnung durch Warenlieferung bezahlte.

Bundesamt für Wirtschaft und Ausfuhrkontrolle (BAFA)
Die Genehmigungsbehörde überwacht die Ausfuhr von Waren. »Die Ausfuhrkontrollen orientieren sich im Rahmen internationaler und gesetzlicher Verpflichtungen am Sicherheitsbedürfnis und außenpolitischen Interesse der Bundesrepublik Deutschland«, heißt es in der Selbstdarstellung heute. Sie setzte die Embargomaßnahmen der CoCom und der Bundesregierung durch und war damit auch ein Instrument im Kalten Krieg.

Clearing-Abkommen Abkommen zwischen zwei Ländern für Verrechnung der gegenseitigen Forderungen im Handels- und Finanzverkehr über eine zentrale Stelle in jedem Partnerland

CoCom Coordinating Committee on Multilateral Export Controls; dt.: Koordinationsausschuss für mehrseitige Ausfuhrkontrollen; vorher: Coordinating Committee for East West Trade Policy. Auf Betreiben der USA 1949 gegründetes Instrument zum Isolieren der Sowjetunion und ihrer Verbündeten. Der Ausschuss in Paris verfolgte drei Hauptrichtungen – Erarbeitung von Verbotslisten, Konsultationen zu Aktualisierungen für neueste Technologien, Tagungen zur Prüfung der Effizienz der Handelsbeschränkungen. Der CoCom bestand aus 17 Mitgliedsstaaten: Australien, Belgien, Dänemark, Bundesrepublik Deutschland, Frankreich, Griechenland, Italien, Japan, Kanada, Luxemburg, den Niederlanden, Norwegen, Portugal, Spanien, der Türkei, dem Vereinigten Königreich und den Vereinigten Staaten. Wichtige Nichtmitglieder, die aber unter CoCom-Einfluss durch die USA standen, waren Finnland, Österreich, Schweden, die Schweiz und Taiwan. Auf gemeinsamen Beschluss der Mitglieder wurde CoCom als Ausschuss am 31. März 1994 aufgelöst, die Exportkontroll-Listen wurden aber noch weiter gepflegt.

Frankfurter Abkommen Beschluss der Bundesregierung von 1950 über den »Interzonenhandel«, der entsprechend der politischen Lage gedrosselt oder ausgesetzt wurde. Um diese Möglichkeit zu reduzieren, versuchte sich die DDR-Volkswirtschaft »störfrei« zu machen.

Hallstein-Doktrin Die Hallstein-Doktrin war eine außenpolitische Doktrin der BRD von 1955 bis 1969. Sie besagte, dass die Bundesrepublik die wirtschaftlichen und diplomatischen Beziehungen mit einem Land abbricht, das diplomatische Beziehungen mit der Deutschen Demokratischen Republik eingeht. Das Ziel war, die DDR außenpolitisch zu isolieren. Die sozialliberale Koalition unter Willy Brandt gab die Hallstein-Doktrin auf, da sie immer schwieriger zu realisieren war und auch die bundesdeutsche Außenpolitik beschränkt hatte.

Grundlage der Doktrin war der Alleinvertretungsanspruch, die Auffassung, dass die Bundesrepublik die einzige demokratisch legitimierte Vertretung des gesamten deutschen Volkes sei; die DDR hingegen sei eine Diktatur. Dieser Alleinvertretungsanspruch fußte auf der Präambel des Grundgesetzes.

Benannt war die Doktrin nach Walter Hallstein (CDU), Staatssekretär im Auswärtigen Amt von 1951 bis 1958.

Interzonenhandel So hieß die in den 50er Jahren geprägte Bezeichnung für den Handel zwischen der BRD und der DDR, der in Form eines Tauschhandels abgewickelt wurde. Die Rechtsgrundlage für den Austausch von Waren und Dienstleistungen bildete das *Berliner Abkommen* von 1951, das fast 40 Jahre lang in Geltung blieb. Auf seiner Basis wurde der gesamte »innerdeutsche« Handel abgewickelt. Weil die BRD die DDR nicht staats- und völkerrechtlich anerkannte, wurde das »Berliner Abkommen« auch nicht als Vertrag zwischen der BRD und der DDR, sondern zwischen den »Währungsgebieten der DM-West und der DM-Ost« abgeschlossen. Diese Formel blieb auch nach der Änderung der Währungsbezeichnung der DDR in »Mark der Deutschen Notenbank« (1964) bzw. »Mark der DDR« (1968) und nach dem Grundlagenvertrag von 1972 unverändert.

Nach den Regeln des Abkommens bekam die DDR zollfreien Zugang zum westdeutschen Markt und konnte nach bestimmten Äquivalenzregeln mit Waren aus eigener Produktion zahlen. Zusätzlich räumte die BRD der DDR einen zinslosen Überziehungskredit ein, den »Swing«, dessen Höhe mehrfach neu ausgehandelt wurde.

Meistbegünstigung Nach dem Meistbegünstigungs-prinzip oder der Meistbegünstigtenklausel (englisch: Most favoured Nation, MFN-Prinzip) müssen Handelsvorteile, die einem Vertragspartner gewährt werden, im Zuge der Gleichberechtigung allen Vertragspartnern gewährt werden. So soll es unmöglich werden, Handelsvergünstigungen nur einzelnen oder wenigen Staaten zu gewähren. Die Verweigerung der Meistbegünstigungsklausel gegenüber der DDR war politisch motiviert.

Swing Bezeichnung für den zinslosen, vertraglich vereinbarten Überziehungskredit im bilateralen Außenhandel, hier zwischen der BRD und der DDR. Entgegen anderen Darstellungen stellte der Swing prinzipiell »kein Entgegenkommen an die DDR, sondern die verfahrenstechnische Notwendigkeit eines bilateralen Clearing dar«, heißt es in der Bundeszentrale für politische Bildung 03/2007 dazu. »Ende der 1970er Jahre belief sich die zinslose Kreditlinie auf knapp 900 Mio. DM-West«

Valutamark Valutamark war eine im offiziellen Sprachgebrauch der DDR übliche Bezeichnung für die Währung Deutsche Mark. Da die DDR-Mark nicht konvertierbar war, andererseits die DM der BRD, eine Fremdwährung, nicht als Berechnungsgrundlage für DDR-Geschäfte dienen konnte, benutzte man die VM als Zahlenbasis.

Quellen

Androsch, Hannes: Wirtschaft und Gesellschaft. Wien 2006

Androsch, Hannes: Warum Österreich so ist, wie es ist: Eine Synthese aus Widersprüchen. Kremayr & Scheriau, o. O. 2003

Autorenkollektiv: Die DDR und Japan, Berlin 1983

Hein, Christoph: Interview, *Neues Deutschland*, 30. Oktober 2009

Hart, James A.: The German Democratic Republic in 1980. Chicago o. J.

Mitterrand, Francois: Über Deutschland. Frankfurt am Main 1996

Ploetz: Die DDR. Daten, Fakten, Analysen. Freiburg 1987

Sudreau, Pierre: La Strategie de L'Absurde. Paris 1980

Washietl, Engelbert: Österreich und die Deutschen. Wien, 1987

Wenzel, Siegfried: Was war die DDR wert? Das Neue Berlin, Berlin 2000

Illustrationsnachweis

Die Aufnahmen stammen aus dem Privatbesitz des Autors und sind zumeist namentlich nicht gezeichnet, da von Protokollfotografen angefertigt.
Honoraransprüche bleiben gewahrt.
Ergänzungsfotos: Robert Allertz (S. 11, 273)
Fritz Schumann (S. 164)

ISBN 978-3-360-01805-2

© 2010 edition ost im Verlag Das Neue Berlin
Umschlaggestaltung: Buchgut, Berlin
unter Verwendung eines Fotos aus dem Privatbesitz von Gerhard Beil,
Villa Hügel in Essen, September 1987
Druck und Bindung: CPI Moravia Books GmbH

Ein Verlagsverzeichnis schicken wir Ihnen gern:
Das Neue Berlin Verlagsgesellschaft mbH
Neue Grünstr. 18, 10179 Berlin
Tel. 01805/30 99 99
(0,14 Euro/Min., Mobil max. 0,42 Euro/Min.)

Die Bücher des Verlags Das Neue Berlin und der edition ost
erscheinen in der Eulenspiegel Verlagsgruppe.

www.edition-ost.de